按流程执行，是保证工作效率提高的关键。

按流程执行

文明德 /编著

吉林文史出版社
JILIN WENSHI CHUBANSHE

图书在版编目（CIP）数据

按流程执行 / 文明德编著. -- 长春：吉林文史出
版社，2019.2（2023.9 重印）

ISBN 978-7-5472-5838-5

Ⅰ.①按… Ⅱ.①文… Ⅲ.①企业管理 Ⅳ.
①F272

中国版本图书馆 CIP 数据核字（2019）第 022189 号

按流程执行

编　　著　文明德

责任编辑　弭　兰

封面设计　韩立强

图片提供　摄图网

出版发行　吉林文史出版社有限责任公司

地　　址　长春市净月区福祉大路5788号出版大厦

印　　刷　天津海德伟业印务有限公司

开　　本　880mm×1230mm　　1/32

印　　张　6

字　　数　130千

版　　次　2019年2月第1版

印　　次　2023年9月第4次印刷

书　　号　978-7-5472-5838-5

定　　价　32.00元

人们常说："没有规矩，不成方圆。"在一个法治国家，要强调依法治国。而一个企业，也应该依"规"管理，做到有"规"可依、有"规"必依。内部有一套行之有效的规章流程，是一个有生机的团队的基本特征。如果没有行为流程来规范人的行为，那么，这个团队就会成为缺乏凝聚力的一盘散沙。

企业作为社会大群体中的组织，为了规范员工的行为，保证企业有序地运转，也需要有一套完整的流程制度。企业的发展和战略实施，需要完善的流程作为保证，而各项流程又是企业精神和战略思想的具体体现。成功的组织之所以成功，归根结底是管理的优势造就了竞争的优势，而管理的优势则是通过流程来体现出来的。企业之间如果在某一方面存在差距，一定是与此方面的相关管理流程总体实施效果存在的差距。流程从来没有像今天这样与每一个企业的成败兴衰息息相关，也从来没有像今天这样与每个人的利益得失密不可分。可以说，流程的制定与实施，是一条潜流于组织整个运行体系中隐形的手，左右着这个组织的生存与发展，决定着其实力的强弱。

企业制定流程，就是要求员工在职务行为中遵照相关的流程来一致地行动、工作、办事。让公司员工都按流程执行，就是要把 70% ~ 80% 的工作都变成标准化的、制度化的、流程化的东西，使整个流程具有可扩展性和可复制性，使整个公司组织变成学习型组织，使这种制度和流程所描述的运行方式成为公司固有的能力。这样即使出色的领导人离开了，公司的能力却仍然存续。

通过制定流程，会让公司经营者更多地用更科学的方法来做事情。我们要清楚地认识到，制定流程的部分目的虽然是约束权力的滥用，但流程对权力所产生的作用不全是约束力。虽然过去很多公司领导是靠拍脑袋下订单和制订计划，但这种随意性并不是决策者所愿意的，主要是他们本人也不知道如何更好地制订计划和下订单。而按流程执行，就是让这个过程变得更科学，使公司管理者拍错脑袋的几率降低。

按流程执行，还有利于增强企业的核心竞争力。企业的核心竞争力，就在于执行力。而执行是以流程为前提的，管理流程设计得合理，才能让执行事半功倍，甚至获得自动执行。所谓"木受绳则直，金就砺则利"。企业有完善的流程，员工真正按流程执行，在企业内部能做到政令畅通、令行禁止，才能保证有序地开展工作，团队有战斗力、凝聚力。企业整体越是能够按照制度化、流程化的方式运作，就越能够提高自己的核心竞争力，灵活地应对市场，处处占得先机。这就类似于人的身体，之所以能够行动自如，就是因为身体内部是高度协调性的整体。

目录
CONTENTS

第三章　健全科学的决策流程，是执行落实的基础

第四章　用流程选拔人才，为员工创造公平竞争环境

第一章

没有完善的流程，
就没有规范的企业管理

流程完善是管理规范化的必经之路

世界 500 强强在哪里？强在管理规范化。世界 500 强，诸如麦当劳、微软、花旗银行、IBM 等等，家家都有管理操作规范文本。以麦当劳为例，其工人和服务员的操作规范文本摞起来有半人高，就是管理者的操作规范文本也厚达数千页。由此可见，企业要想做大做强，就必须完善流程，走正规化管理的道路，这样，各项事务才能井然有序，信息沟通才快捷、高效，对市场环境的适应能力才强。是否建设和完善自身的流程，不是企业愿不愿意的问题，而是企业是否要发展的问题，是企业是否要增强竞争力的问题。

对企业而言，完善合理的流程具有重要意义：

1. 流程是企业赖以存在的体制基础

企业作为各种生产要素的组合体，实际上就是通过流程安排来组织各种生产要素进行生产，因而企业流程是对各种生产要素进行组合的纽带和基础。没有流程，就谈不上企业的存在，更谈不上企业的发展。

2. 流程是企业有序化运行的体制框架

企业要发展，就必须按照一定的程序运行。这一程序对企业运行要有约束作用，那么，约束企业运行的程序是什么？不是别的，就是流程。因此，流程实际上就是约束企业各种生产要素的行为和企业本身行为的一种准则。正是因为如此，企业的有序化发展需要良好的企业流程。

3. 流程是企业经营活动的体制保证

企业的所有经营活动，无论是生产经营活动，还是资本经营活动，都必须在一定的体制框架中进行，这种体制框架就是流程。可以说，没有合理的流程，企业经营活动就没有体制保障，从而根本无法高效地展开。

4. 流程是企业高效发展的活力源泉

企业的活力虽然来自许多方面，但主要是来自合理的流程。如果企业流程非常有利于调动企业中的各种生产要素的积极性，那么企业就是有活力的。反之，企业就是没有活力的。

5. 流程是企业发展壮大的必然选择

当企业发展到一定规模的时候，必然要求企业将其思想理念、决策措施、考评策略、调控体系，通过流程的方式固定下来，从而建立和实现自己的体系，去夺取规模化效益。

6. 流程是企业参与竞争的必要措施和手段

企业之间的竞争日益激烈，除物质基础、人力资源等硬件外，管理策略、思想、意志和精神等软件的重要载体可以说就是流程，也非常重要。迈克尔·波特在《竞争战略》一书中论述竞争策略时，对流程化也给予了严肃认真的论述分析。在今天日益激烈的竞争背景下，企业的流程化程度如何，是竞争力的直接体现。可以说，企业的物质基础、人力资源可以失而复得，但企业的流程化程度如果失去了及时发挥作用的机遇，带来的打击将是粉碎性的、破坏性的。从现代企业发展的实践经验上看，凡是有竞争力的企业，都在流程化上获得了先机，这是不容忽视、足可借鉴的宝贵经验。建立完善合理的流程可以大大提高企业的管理效率、决策与实施的速度，提高企业的竞争能力与生存能力。同时，合理的流程可以建立一支高效的企业团队，规范作业流程和员工行为，形成一个融洽、竞争、有序的工作环境。只有在这样的环境中，员工才能最大限度地发挥自己的潜能，实现工作效率最大化。

7. 流程是技术创新发展的基础

科学技术是生产力，是以市场经济体制已经存在为前提和基础的；离开了流程基础，科学技术对生产力发展的作用就无从谈起。中国古代的四大发明在当时可以算是高水平的科学技术了，但在流程缺失的条件下，并没有推动生产力飞速发展。

8. 流程可以把管理者从规则中解放出来

一个完善的流程像是一把锋利的刀，可以斩断一切纷扰。我们在前面讲过，完善的流程能使现代企业复杂的事务处理变得简单，企业管理者不再需要将大量宝贵时间耗费在处理常规事务中。这样，企业所有工作都处于一种有序的状态中，就使管理者有时间去做更重要的事。

9. 完善的流程有利于促进企业与国际接轨

"一切按流程办事"是企业流程化管理的根本宗旨。企业通过各种流程来规范组织成员的行为、处理各种事务，使企业的运行逐步趋于规范化和标准化。这些处事原则更加符合国际惯例，更加接近发达国家，有利于促进企业与国际接轨，顺利融入国际市场的竞争中。

10. 完善的流程更容易吸引优秀人才加盟

一方面，规范的流程本身就意味着需要有良好的信任作为支撑。在当今社会，具有良好信任支撑的企业在人才竞争中很容易获得优势。另一方面，规范的流程最大限度地体现了企业管理的公正性和公平性，人们普遍愿意在公平、公正的竞争环境下工作；同时，规范而诱人的激励流程也是企业打赢人才争夺战最为有力的武器。

11. 规范的企业规章流程有法律补充作用

企业的规章流程不仅是公司规范化、流程化管理的基础和重要手段，同时也是预防和解决劳动争端的重要依据。劳动关系中劳动者和用人单位属于从属关系，但是国家法律法规对企业管理的有关事项没有十分详尽的规定，而用人单位依法制定的规章流程在劳动管理中具有类似于法律的效力，因而用人单位合法的规章流程起到了补充法律的作用。

12. 完善的流程让企业发展壮大

现在，许多项目竞标都需要企业提供其规章流程，并将其作为考核企业是否合格的标准之一。另外，完善的企业流程还可以起到保护企业商业秘密及其他无形、有形财产的作用。

可见，完善的流程对现代企业有着十分重要的意义和作用。运用好流程这个工具，努力推进流程化建设，才能够让企业发展壮大，成为真正意义上的现代化和国际化企业。

组织架构是制定流程的重中之重

组织架构是企业赖以存在的骨架，是制定其他流程的基础，也是命令得以传布的渠道。任何企业的建立，首先面临的是组织架构的建立。

建立一个完整的组织架构本身即为一种管理程序，是任何有效的管理流程中不可或缺的一环。

建立一个什么样的组织（集团）？怎样建设这个组织？前一个问题，是讲这个组织的性质；后一个问题，是讲用什么样的流程保证这个组织目标的实现。所以，研究企业流程，不能不研究企业的组织架构问题。适当的组织架构不仅是企业长青的基础，也是企业壮大的基础。

组织架构究竟是什么？组织架构是一种基本的管理程序，也可以说是一种规划程序。组织架构的建立包括下列步骤：首先，为了执行计划，必须实施哪些工作或活动，那些应做的事或应执行的任务，即为职务。然后，将这些活动分成各种职位，以便分派给各个员工，成为他们的职责。接着授予每个职位职权，使居于该职位的人可各行其责，或命令他人执行。随后，决定各职位间的职权关系，即决定谁该向谁汇报，以及身居各职位的人拥有何种职权，如此可确保大家辨明隶属关系，以及各人的职权种类与范围。最后应该决定，胜任各个职位，必须具备的资格。

组织流程一般有以下几种形式：

1. 直线型组织流程

直线型组织流程是最早、最简单的一种组织流程形式。这种组织流程把职务按垂直系统直线排列，各级管理者对所属下级拥有直接职权，组织中每一个人只能向一个直接上级报告，即"一个人，一个头儿"。它的优点是：各级领导对下属单位而言是唯一的行政负责人，保证了统一的领导和指挥，各职能部门对下一级组织在业务上负有指导的权力和责任，这样能充分发挥各职能部门的积极作用，让其直接参与管理和领导。但这种组织方式也有不足，如各职能部门在某一下级单位开展工作时，发生的矛盾和冲突无法自己解决。

2. 职能型组织流程

这种组织流程内部除了直线管理者外，还相应设立了一些组织机构，分担某些职能。这些职能机构有权在自己的业务范围内，向下级下达命令和指示。下级直线管理者除了接受上级直线管理者的流程管理外，还必须接受上级其他职能机构的流程管理。

3. 直线参谋型组织流程

直线参谋型组织流程结合了以上两种组织形式的优点，设置了两套系统。一套是按命令统一原则组织的指挥系统，另一套是按专业化原则组织的流程管理职能系统。直线部门和人员在自己的职责范围内有决定权，对其所属下级的工作实行指挥和命令，并负全部责任，而职能部门和人员仅是直线管理者的参谋，只能对下级机构提供建议和业务指导，没有指挥和命令的权力。

4. 直线职能参谋型组织流程

它结合了直线参谋型组织流程和职能型组织流程的优点，在坚持直线指挥的前提下，充分发挥职能部门的作用，直线管理者在某些特殊任务上授予某些职能部门一定的权力，例如决策权、协调权、控制权等。

5. 事业部制组织流程

事业部制组织流程是指在总公司流程管理下设立多个事业部，各事业部有各自独立的产品和市场，实行独立核算，在经营流程管理上拥有自主性和独立性。这种组织流程的特点是"集中决策，分散经营"，即总公司集中决策，事业部独立经营。

6. 矩阵型组织流程

把按职能划分的部门和按产品（项目或服务等）划分的部门结合起来组成一个矩阵，使同一员工既与职能部门保持流程管理与业务上的联系，又参加产品或项目小组的工作。为了完成一定的流程管理目标，每个小组都设负责人，在组织最高领导的直接管理下工作。

7.多维立体型组织流程

多维立体型组织流程是矩阵组织流程和事业部组织流程的综合体。其中按产品（项目或服务）划分的部门（事业部）是产品利润中心，按职能（如市场研究、生产、技术、质量流程管理等）划分的专业参谋机构是职能的利润中心，按地区划分的流程管理机构是地区利润中心。

8.多种标准的综合应用

若深究每个成功大型公司的团队系统，会发现上述几种组织形式分别应用于不同的管理层面，而中小型的公司，也可能使用两种或三种组织形式。所以硬把公司团队组织形式划分为单纯的"直线型"或"职能型"，并不能反映实际情况，顶多只能说明某一层次或某一公司的主要标准而已。

比如，有些公司，老板之下就是一级部门（有的公司，老板与一级经理间，还设有副手或协理），设立一级经理的主要目的，在于帮助老板以"分工"及"专门化"的优点完成公司的目标。在一级部门之下，再依实际需要，分设二级、三级部门，以及最基本的个别作业人员（或称"技术"人员，以区别于各级"管理"人员的职责）。

事实上，有的公司用公司"机能"来分一级部门，用"地区"来分二级行销部门，用"产品"来分二级生产部门；再用

"过程"来分三级某些生产部门，用"机能"来分三级行销、财务、总务及其他部门。

类似这种组织流程，综合运用了前述几种组织形式，根本无法归类为某一种形式的团队结构，不妨称之为结合式。

事实上，除规模极小的公司外，很少有公司只采用一种组织形式。所以，当设计组织结构时，要根据公司需要，不可只重其外形不重其实质。

实现流程化管理的步骤

实现流程化管理，是现代企业的发展趋势，也是企业提升自身管理水平与竞争力的必由之路。但同时我们也应该认识到，流程化管理的实现不是一蹴而就的，流程的建设与实施是一个循序渐进的系统工程，需要稳步推动。那么，企业该如何进行流程化建设和管理呢？

1.确定企业的"根本大法"

企业要有类似于国家宪法的"根本大法"，对流程进行指导和制约，其他流程一旦与它冲突都应该宣布无效。

流程都是由人来制定的，在很多时候，一旦管理层发生变动，流程也往往会跟着变。但是如果有"根本大法"的制约，要改就难得多了。成熟的企业应该有一个章程来明确哪些规定应该由谁来制定，由谁来审查，由谁来通过；如果修改，应该是什么程序等等问题。制定这样一个"根本大法"以后，"朝令夕改"就没有那么容易了。

2. 确立制定一般规章流程的程序

流程是否能达到预期目的，在一定程度上取决于制定流程的程序是否民主化，制定者是否具有务实精神。一般情况下，流程的制定过程应当充分体现制定者或企业的民主意识和务实精神，这就需要制定规章流程时必须遵循这样一个过程：调查——分析——起草——讨论——修改——会签——审定——试行——修订——全面推行。这就是说，规章流程的制定要经过充分调查，认真研究，才能起草。草稿形成以后，要发到有关职能部门反复讨论，缜密修改。经过有关会议审定后，小范围试行，并对试行中暴露的问题，认真进行修订。其中，重要的规章流程还要提请董事会、党委会或职代会通过，再报上级管理部门批准。只有遵循上述基本程序，所制定的管理流程才能切合实际，才能在管理过程中达到预期效果。

3. 确定参与制定规章流程的人员

在许多企业里，规章流程绝大多数都是由几个高层领导来制定的，甚至具体到某一业务标准也是由他们制定的。这种现象似乎已成为一种惯例，但高层领导可能对现场作业流程并不了解。因此，需要从企业中抽调一些不同部门、不同层次的人参与制定规章流程，并选定将来执行规章流程操作管理的人，共同参与其中，必要时还可请管理咨询专家和企业同仁共同设计。这样制定的规章流程就比较规范且具有可操作性。

4. 确定规章流程的内容

不同的企业因其生产性质和行业背景不同，规章流程的内容也应有所不同。但是，如果企业的规章流程是符合当今时代发展潮流的，其中就必然包括结合企业自身实际情况的内容，主要包括：企业的民主管理流程；集中管理与分散经营相结合，即集权与分权相结合的运行机制；以参与国际竞争、占领国际市场为目标的经营战略体系；企业的文化生活流程；配套的营销管理、产品研究与开发管理、生产管理、财务管理、人力资源管理等具体流程。

5. 有专门的部门负责企业流程的管理工作

这个部门的具体职能是：在制定流程时负责各个部门流程的协调；对企业的流程进行汇编；发现新旧流程有冲突时要及时废止旧流程，确保新流程的执行。

6. 流程制定完毕要进行培训

流程制定出来后，要进行广泛的宣传，让每一个员工熟知流程的内容。尤其是对新员工，公司流程应成为他们学习的第一课，也是必修课。应加强流程的学习与教育，把流程约束与员工的自我约束有机地结合起来。企业应建立员工手册，将企业的流程收编进去，不仅可以方便老员工，也可以确保新进员工尽快适应企业流程，进入工作状态。

健全的流程应具备的主要特征

健全的流程对任何组织而言都非常重要。社会的发展是如此，企业要生存、要发展，也离不开好的流程。

那么，什么才是健全的流程？它应该具有哪些特征呢？

1. 利益相关性

好流程着眼于将目标与执行者的切身利益最大限度地结合在一起，利用人的理性和趋利避害的本性去制约人的弱点，以流程规范管理体系为基本，谋求流程化与人性、流程化与活力的平衡。当员工认识到流程是在保护自己的利益时，就会积极地维护流程，愿意为流程付出；即使违反了流程也非常明确自己将会受到怎样的惩罚。这样，就实现了流程约束与员工自我约束的有机结合，充分激发员工的自我管理意识，引导员工主动地服从，愉快地付出，创造性地工作。

2. 权威性

好流程必须体现至高无上的权威性。任何个人、任何组织都必须服从流程。必须坚持流程面前人人平等，违反者必须接受流程的惩罚，就算他们是为了组织或团体的利益，亦不例外。好流程就是高压线，它的威慑力，使生产经营活动有条不紊地进行，使复杂的管理工作有法可依，有章可循，使企业万千之众步调一致。

3. 公平性

好流程不因性别、年龄、学历、人情、背景和种族的不同而不同，只因效率高低决定贡献大小，以防止有人不劳而获。

4. 具体性

好流程对员工在什么岗位上要做什么都规定得很清楚，能够清楚地指导员工趋利避害，限制员工的主观随意性、做事的隐蔽性，加强相互监督，保证企业正常有序发展。

5. 可操作性

好流程定位准确，与企业自身的情况和员工现有的接受能力及素质水平相匹配，使大多数员工不至于因达不到要求而失去信心，也不至于因标准过低而产生懈怠心理。

6. 简明性

好流程表述简明扼要，使执行者一看便知道怎么执行，员工一看便明白如何遵守。因此，我们在制定流程时要防止行文过于复杂，避免意思表达含糊。

7. 严密性

好流程应当在出台前充分考虑在实施过程中可能遇到的各种情况与因素，尽量做到措辞严密，无懈可击。

8. 预防性

建立流程的目的不仅仅是"纠错"，更是为了"预防"：预防其他企业曾经的教训，预防可能发生的错误和可能造成的损失。流程一旦建立，必须力求完整全面。对于可能发生的事情，必须提前想到并做出相应的应对措施，如果等到员工发生不合理的行为后再作出规定，那是不公平的，而且也是很没有效率的流程。

9. 超前性

好流程不应拘于现状，而应适度超前，向行业先进企业、标杆企业看齐，既满足企业未来发展战略的需求和未来一定时期市场竞争的需求，又充分兼顾企业的现实状况。

10. 导向性

好流程是企业经营管理理念的体现，经营管理理念必须渗透到流程中。但是，许多企业的流程在"体现与渗透"方面做得不好，甚至出现流程与理念相互矛盾的情况。例如，绩效管理的导向是促进绩效目标的完成。如果在设计 KPI（关键绩效指标法）指标时，权重设计不合理（重要指标的权重低，非重要指标的权重高），就有可能使被考核人投入很大精力去完成非重要工作，而重要工作却被忽视了。

流程管理不是最好的，却是最不坏的

彼得·德鲁克曾说："一个不重视公司流程建设的管理者，不可能是一个好管理者。"俗话说："没有规矩，不成方圆。"这句古语也很好地说明了流程的重要性。一个企业想不断发展，永续经营，有一个比资金、技术乃至人才更重要的东西，那就是流程。

施乐公司老板曾自豪地说："施乐的新产品根本不用试生产，只要推出，就有大批订单。"这是为什么呢？原来，他们开发的每个新产品都采用统一的管理模式。这种模式以用户需求为核心，共有产品定位、评估、设计、销售4个方面近300个环节。通过反馈信息以及对大量数据的不断调整，产品一经面市就能满足用户的需求。凭着一整套行之有效、科学严密的管理程序，百余年来，施乐公司始终是世界文件处理行业的领头羊。

流程和标准就是竞争力。一个企业，假如缺乏明确的规章、流程，工作就很容易产生混乱，造成有令不行、有章不循的局面，使整个组织缺乏协调精神、团队意识，导致工作效率低下。

流程对于企业来说，其根本意义在于为每个员工创造一个求赢争胜的公平环境。所有员工在流程面前一律平等，他们会按照流程进行工作，在流程允许的范围内努力实现企业效益和个人利益的最大化，从而使企业在良好的竞争氛围中实现突飞猛进的发展。企业管理者要善于把流程引发的竞争乐趣引入到管理工作中去，让团队中的每一个人都对工作保持激情。

英国前首相丘吉尔曾说："流程不是最好的，但流程却是最不坏的。"远大空调董事长张跃说："有没有完善的流程，对一个企业来说，不是好和坏之分，而是成与败之别。没有流程是一定要败的。"在竞争日益激烈的商业社会，流程才是克敌制胜的根本之道。对于任何企业管理者而言，要创一番大业，成一代企业家，一定要多琢磨一下那句老话，"没有规矩，不成方圆"；一定要完善流程和标准，锻造企业制胜的"秘密武器"。

把"自由"之屋搭建在"限制"的围墙里

有这样一则寓言：河水认为河岸限制了它的自由，一气之下冲出河岸，涌上原野，吞没了房屋与庄稼，给人们带来了灾难，它自己也由于蒸发和大地的吸收而干涸了。

河水在河道里能掀起巨浪，推动巨轮，而当它冲决河岸以后，就只能造成灾害，既危害他人，又毁了自己。

人人都向往自由，但超越限度的自由具有破坏性。所以，流程或规则既是对自由的限制与规范，也是对自由的捍卫与保护。

汽车在高速公路上奔驰，火车在轨道上自由行驶，轮船在航道上破浪前进，飞机在航线中航行。可是，如果离开了公路、铁轨、航道、航线，它们就失去了行动的"自由"。它们取得行动"自由"的前提，就是交通规则的限制。

一个城市，如果没有交通规则，你骑自行车乱闯红灯，他驾驶汽车横冲直撞，我步行随意穿越马路，那么，这个城市的交通状况必定是一片混乱，交通事故的不幸就会频繁地降临到人们头上。

如果有严格的交通规则，尽管人多车杂，但行人车辆各行其道，红灯停绿灯行，穿梭有序，就会有条不紊，畅通无阻。

人类的一切活动都受到规则的限制，规则保证了人类活动的顺利进行，也保证了人类活动能够产生有意义的结果。

新加坡以流程制约不文明的行为而闻名。任何小事都有相关的法律，比如家中滋生蚊子，一旦罪名成立，要坐牢 3 ~ 6 个月，或处以 5000 ~ 10000 新元的罚款。如果夫妻打架，把物品扔下楼，就犯了"鲁莽行事罪"。为了禁止在电梯中小便的行为，电梯内都装有尿液侦察器，一旦有人小便，电梯会自动停止，困住肇事者。乱扔垃圾的人，要穿上印有"劳改"字样的黄背心，不仅罚其打扫卫生，还要通知媒体曝光。

新加坡人要遵守的法律和规定很多，这么多流程悬在头顶，会不会很麻烦，是不是限制了人身自由？有外国记者在新加坡当地随机询问，所有人都笑着说："不做'不可以'的事就行了。"

"限制"作为自由的对立面，是自由赖以存在的基础，这符合哲学对立统一的观点。完全没有"限制"的自由不可想象，没有了"限制"也就无所谓自由，更谈不上争取和享受自由。

人们常说："断线的风筝会落地。"不错，风筝在空中的自由，是受到长线的束缚而得到的。一旦系着它的线断了，风筝就会一头栽到地上，失去飞翔的自由。

同样的道理，企业要想做强做大，就不能由着性子胡来，必须要有一套有效可行的规则保证发展顺利进行。野台唱戏、游击作风可能得逞于一时一事，但绝逃不出饥一顿饱一顿直至消亡的结局。能人治理，可以使企业从无到有，从小到中，但绝不会到大到强，经久不衰。有了统一的流程标准，企业的发展目标才会明确，员工的行为才会一致，各项工作才能有序开展。

为企业画出规矩方圆

纪律，是企业文化的精髓，是企业在竞争激烈的环境里生存和作战的保障。一个富有战斗力的企业，必定有铁一般的纪律；一个合格的员工，也必定具有强烈的纪律观念。如果没有纪律，团队就会像一盘散沙，企业就无法生存。

好的流程非常重要。有这样一个小故事：很久以前，5个和尚住在一起，他们每天都分食一大桶米汤。因为贫穷，每天的米汤都不够喝。一开始，5个人抓阄来决定谁分米汤。于是，他们只有在自己分米汤那天才能吃饱。后来经过研究，他们推选出一位德高望重的人分米汤。然而好景不长，在强权下，腐败产生了，其余4个人都想尽办法去讨好分汤的人，最后，几个人还是饥一顿饱一顿，而且关系也变得很差。大家决定改变策略，共同监督分汤者，让他做到公平合理。但是这样纠缠下来，汤都凉了。最后大家想出来一个方法：轮流分汤，不过分汤的人要等其他人挑完后，喝剩下的那碗。这个方法非常好，为了保证自己的份额，每人都尽量做到平均分配。这个方法执行后，大家的关系变得融洽了，日子也越过越好了。

同样5个人，不同的分配流程，就产生了不同的效果。一个单位如果工作效率低下，那一定存在机制问题。如何制定一个好流程，是每个领导者都需要考虑的问题。

一个明智的管理者，首先应该是优秀规章流程的制定者。规章流程包括财务条例、保密条例、纪律条例、奖惩流程、组织条例等很多层面。好的规章流程，既能使被执行者感觉到它的存在，又不会觉得束手束脚。

看看已有百年历史的IBM（国际商业机器公司）、花旗银行、默克制药等企业，我们可以发现，有规矩的企业才能有机会立于不败之地。

现代企业家杰克·韦尔奇当年力推"六西格玛管理"，张瑞敏发怒砸掉不合格的冰箱，其实都是在立规矩。规矩立起来了，大家就有了行动的标杆。从更深的层次讲，企业之间的竞争实际上就是规矩之争。作为制定规矩的企业领导者，谁能立起有效的规矩，谁的企业就能长久和壮大！

没有规矩，不成方圆。企业的团队是人的组合，而每个人都有自己的思想和行为。但作为一个团队，要尽量避免个人思想和行为，尽量做到整体步调一致，所以纪律的约束必不可少。因此，在每个企业建立之初，管理者首先要做的就是制定明确的纪律规范，为企业画出规矩方圆。

第二章

领导要带头按流程执行，
杜绝个人主义

流程的本质是对一把手的制约

很多组织，很多事情，之所以乱七八糟，毫无秩序，坏就坏在不守规矩上。权力这个应该服从规矩的东西，在有些地方却高于一切，是罪恶的总根子。

在实际工作中，我们不难发现，管理者最强调流程，然而受古代"刑不上大夫，礼不下庶人"、"法律是管老百姓的"等封建特权思想的影响，违背流程办事、破坏流程严肃性的往往是管理者。这样的思想和意识对公司和团队的发展非常有害，必须要改正。

大量调查显示，员工在看到管理人员"知法犯法"公然违反管理流程还洋洋自得时，大多会嗤之以鼻、心生反感，在自己违反流程而受到惩罚时，即使嘴里不说心底也会存有怨言。时间久了，员工就会与公司产生离心力，流程化管理根本无从谈起。

作为现代社会的领导者，应该认识到，不管是谁，也不管权力多大，都没有破坏流程的权利。据报载，法国城市的路口都立着一个牌子，上面写着："你没有特权！"以此告诉开车者不可违反交通规则。美国前总统里根在位期间，希望某大学新的图书馆用自己的名字命名，被校长拒绝了。身为总统的里根，也没有因为吃了闭门羹，而感到"人脸贵似金"。英国一位前首相，希望自己的一个老乡进入国家足球队，被教练拒绝了。身为英国的首相，他也没有因此认为"无颜见江东父老"。因为这是流程，在流程面前吃闭门羹，谁也不用感到为难。

当然，对于规则的"看守"，也有很多领导者做得很好，联想集团董事长柳传志就是其中一个。他说，流程的本质是对一把手的制约。这句话讲到了管理的实质，管理问题，归根结底是管理者本人的问题，而不是被管理者的问题。很多老板也强调流程化管理，但是他们在潜意识里却认为，所谓的流程化管理，就是由"头头"们订出一套流程来约束下属，几乎每条都是要求员工应该怎么做，但从来都不会约束管理者自己。

实行流程化管理的目的就是要避免人为因素的干扰，无论是谁，都应该按照流程所规定的原则去办事。流程权威应该高于管理者的个人权威，当管理者的个人意志与流程相冲突时，要绝对服从流程。

从管理意志实现的进程来看，流程化基于企业的发展思想、绩效目标，因此，流程的全局性、整体性要求，是组织通过流程对企业管理范围内的每个被管理要素进行管理，从而也是对管理者在内的企业自身的管理。若不把流程管理建立在企业发展这个实在个体上，仅把它作为约束他人的东西，流程就失去了存在的意义。因此，流程应该是从公的，而不是从私的，是从众的，而不是顺己的。它必须保持必要的中立状态和公平原则。立公约众是流程的核心，也是流程化管理的本质。仅用流程约束他人，是极其错误的出发点。

由于流程是工具的、从公的、从众的，因此，它的出发点只能是获取整体的效益，而绝不是服从其个体的效益和维护某些人的权利。它的建立和实施都必须以整体利益和总体意志为出发点。

实施流程化管理就必须遵循流程至上的原则，确定流程的权威性。只有流程的权威性得到确定，才能保证企业得以稳定、健康地发展，才能谈得上流程化管理。因此，管理者自己首先就要遵守流程，自觉维护流程的尊严，在工作中要时时、处处体现流程优先的原则。也就是说，在已有流程规定的情况下，任何其他形式的要求和管理措施，如会议决议、红头文件等均不得与流程相抵触，凡有抵触，必须以流程为标准。对于管理者来讲，一旦遇到自己的决定与流程发生矛盾与冲突时，应该自觉维护流程的至上性，不能随意用个人理解来取代流程。如果由于形势变化，流程过时或不合理，可以按照程序进行修改或者废止。但是，流程在修改、废止之前，其效力依然高于管理者的决议或命令。

总之，要推行流程化管理，管理流程必须具有最高的权威，任何人不得违背流程或规避流程，更不能凌驾于流程之上，尤其是"一把手"。

建立群体运行机制，绝不能搞个人英雄主义

个人英雄主义主导的团队必然会失败。当年，刘邦与项羽经营着两个不同的"民营企业"。汉高祖刘邦有一句经典名言："夫运筹帷幄之中，决胜于千里之外，吾不如子房（张良）；镇国家，抚百姓，给馈，不绝粮道，吾不如萧何；连百万之军，战必胜，攻必取，吾不如韩信，此三者，皆人杰也，吾能用之，此吾所以取天下也。"与其相反，项羽凭着个人英雄主义，势力一度膨胀，但最终无颜见江东父老，自刎而亡。

客观地说，个人英雄主义在项羽"创业初期"确实发挥了很大的作用。但关键是在其势力壮大、地盘扩大后，面对纷繁复杂的战争形势，他应该及时培养人才，授之以权，通过团队的力量而不是个人的骁勇来夺取胜利。项羽的失败，是个人英雄主义的失败，而刘邦的高明正是善于发挥团队优势。一胜一败揭示了企业运营的真相：团队协作才能成功。

现代化企业流程建设很完善，部门分工明确，多数工作都需要相互协作才能完成。如果员工不能融入团队，以个性主导团队运行规则，这样的员工即使再优秀，也不足以委以重任。因为现代企业更注重团队协作精神，拒绝个人英雄主义。因为地位的特殊性，企业的领导者更容易成为企业的"个人英雄"，所以，企业管理者更

应该注意，不能为逞个人英雄而使企业的长期发展陷入困境。

惠普公司原总裁格里格·梅坦曾说："企业的领导不能成为团队的主宰者，尽管企业的领导具有超强的能力，是团队中英雄级人物。"他还说："作为领导者，我对该组织的构想当然重要，但是仅仅有我的构想还不够。我的观点是我最重要的领导资产，同时也给我带来了最大限度的限制。我认为，老板是轮毂，员工是轮辐，员工之间的谈话以及人际关系的质量是轮边。如果因为同事之间不能解决相关问题，所有的决策都需要通过轮毂，那么这个组织创造价值的能力就会受到老板个人明智程度以及时间的限制。这显然不能造就高效运营的团队。为了创造一种'轮边'会谈，老板就必须有意识地说明什么事情应该由轮毂来解决，什么事情应该由轮辐来解决。"他还举例说明：那些来自世界各地的员工在伦敦相聚，作为老板的他并不参与，因为他们正在寻找解决一个复杂并且有争议的问题的方法，他已经为他们创造了"轮边"会谈的条件，他不希望因为自己的出现而使会谈没有结果。后来，果不其然，他们的会谈很成功。

曾几何时，"万家乐，乐万家"的广告语响彻大地，空调行业对拥有热水器行业龙头品牌背景的万家乐空调寄予了厚望，期望万家乐带领民族企业在国际市场上创造奇迹。在万家乐空调2002年3月15日上市之后，广大经销商就投入到了销售万家乐空调的队伍中。然而，好景不长，万家乐空调在国内空调市场上销售了一年多之后，于2003年年底爆出被珠海市中级人民法院查封的消息。

一颗冉冉升起的品牌之星瞬间陨落。万家乐的失败就是典型的因为个人英雄主义主导团队而造成的。万家乐空调老板陈雪峰是个具有"个人英雄主义和独裁治理"典型特征的人。陈雪峰一直怀着像张瑞敏、李东生一样，做中国家电业顶级风云人物的雄心，但是，他独断专行，不纳谏言，不但在公司战略上以卵击石，以微薄之力进军大家电市场，而且在人员使用上，他凭自身好恶任意任免高级管理人员。由此带来的影响是，企业文化不成体系，缺乏企业精神和足够的凝聚力，中下层员工缺乏归属感，最终落得失败的下场。

所有的老板都不应该让个人英雄主义主导团队，不应该过分强调个人的效能，应该更加重视人与人合作所产生的效能。现代社会、现代组织，仅凭一个人的能力和经验已经不能应对所有工作。在任何一个成功的团队里，即使你不是一个受大家敬重的英雄，也会是一个成功者。

设计群体运行机制的学问

善于领导的企业管理者总是能够制定出一套简洁、高效的群体运行机制。"我一直觉得一个企业最强的不是它的技术，流程才是决定你这个企业所有活动的基础。有没有完善的流程，对一个企业来说不是好和坏之分，而是成和败之分。没有流程是一定要败的。"远大集团董事长张跃如此评价流程的重要性。

在张跃眼中，企业是由员工组成的，因此，企业运营的每一个活动都是可以无限细分到每一个员工的每一个动作上的，因此对每一个个体细节动作的程序化和标准化就显得异常重要。群体运行机制的好处是降低了管理的成本，提高了效率。更重要的是，通过标准化的运行机制，能够最大限度地减小企业任务执行过程中因随意性而造成的损耗和失误。

在远大，群体运行机制建设得非常完善。远大的流程化文件涉及了每个远大人的工作、生活和行为规范。每个员工在企业里的每一项活动都可以找到相应的表格来指导执行。在车间有工位告示牌，告诉你工作流程、你所担负的责任、你需要完成的任务；在宿舍有环境及生活告示牌，告诉你清洁、用电和作息时间；如果你要出差，有相应的表格告诉你该带什么东西，该做什么，该汇报什么。由于文件分类清晰、条款分明，任何人打开电脑或翻阅目录，只需极少时间就可查到所需的文件内容。这种标准化运行机制的建设，为远大带来的直接效益就是大大提升了企业的运行效率。

在通用电气公司内部，有一种会议模式特别受推崇，这种会议模式被称为"快速市场智能"（英文缩写"QMI"）。这种电话会议使通用公司的管理层发现了同步交流的价值。由于公司的主管在全球分布很广，经理人不能很频繁地参加面对面的会议。QMI通过视频和电话让他们聚到一起，遍布全球各分公司的大约50个人就可以进行一次对话。通用公司规定，这种电话会议每两个星期举办一次。

这种机制使所有QMI的参加者，不管是何种阶层，不论身在何方，都能够及时了解到在顾客、竞争对手身上以及全球技术方面到底发生了什么。这种模式为通用公司带来了更高的效率。因为是电话会议，全球同步进行，这就要求与会者必须考虑以下几个问题：讨论的问题必须要独特而且简单，能在2分钟内回答上来；所有的参加者必须有勇气作出贡献；为了不让人们失去兴趣，会议要简短；会议过程中要对信息进行处理，最后要作出总结。QMI在公司内部获得了成效，它使公司的高层管理者不再为举办全球会议发愁，很多难度很大的事情都能够在这种会议上被轻松解决。

作为企业管理者，如何设计出完善的群体运行机制？这需要从多方面入手。首先要结合企业文化。这是因为流程保障下的群体运行机制是灌输和贯彻企业文化的一条重要渠道。其次要与企业发展阶段相适应。在不同的发展阶段，企业会面临不同的阶段性任务，就不可避免地要应对不同的问题。运行机制此时的作用就是保障企业在这个阶段的运营，圆满完成阶段性任务。再次是要与企业资源相适应。运行机制的功能之一就是不断促进企业资源的完善，而不是无谓消耗资源。最后是要充分考虑到市场因素。运行机制在这里的任务就是充分保障企业目标的顺利实施，这就要求企业管理者眼睛要盯到市场上去，让市场成为运行机制设计真正的导师。

企业管理者在设计群体运行机制的过程中，一定要有服务于员工的理念，并尽可能要求员工参与进来，发动所有员工对流程的建设献计献策，共同制定。设计的流程要有罚有奖，及时更新，流程不能是死东西，否则最终只能变为形式主义。

领导者应身体力行，带头按流程执行

柳传志有一句名言："爬喜马拉雅山，可以从南坡爬，也可以从北坡爬。联想一旦决定从北坡爬，大家就不要再争了，哪怕北坡看似更远、更陡、更危险。"他的意思是：企业里所有的流程不是用来讨论的，而是用来执行的。

业务员小张，被公司派往联想集团工作一段时间。第一天刚进公司的时候，一位部门经理接待了她。寒暄之后，他郑重地告诉小张说："你虽然是公司之外的人，但你既然来到本公司，在你工作的这段时间里，一切都按联想公司的人员看待，因此也希望你遵守公司的一切规定。"小张说："那是自然，入乡随俗。这样大的公司，没有流程不成席嘛。"部门经理介绍了一些规定之后，最后提醒小张："联想成立以来，有开会迟到罚站的流程，希望你注意。"他的语气很严肃，但小张没有太在意。

一天下午，集团办公室通知所有中层干部开会，也包括小张这些驻外业务代表。小张临时接了个电话，忘了时间。等她想起来时，已经迟到了3分钟。她刚走进会场，就发现大家出奇地安静，这让她有点不自在。会场后面有个座位，她打算轻手轻脚地进去，以免打扰大家。

"请留步，按规定你要罚站1分钟，就在原地站着吧！"会议主持人站在会议台上，向她认真地说道。小张的脸顿时一片潮红，只好原地站着。总算是熬过了世上最难熬的1分钟，主持人说："时间到了，请回到座位上去。"接着大家继续开会，就像什么也没发生似的，而小张却如坐针毡。

会后，部门经理找到她："小姑娘，罚站的滋味不好受吧！其实你也别太在意了，以后注意就行了，我也罚站过，柳总也曾经罚站过。"

"老总也罚站啊？"她有点惊讶。

"自从联想创建后，10多年来，无一人例外地遵守这个规定。有一次电梯出了故障，柳总被关在里面，那时手机还不普及，没有人知道他困在电梯里，他叫了很长时间才有人把他弄出来，他也只好认罚。'开会迟到罚站1分钟'也算是联想一种独有的企业文化吧。"部门经理对她说。

柳传志在很多场合说过："企业做什么事，就怕含含糊糊，流程定了却不严格执行，最害人！""在某些人的眼里，开会迟到看起来是再小不过的事情，但是，在联想，这是不可原谅的事情。联想的开会迟到罚站流程，20年来，没有一个人例外。"柳传志认为，立下的流程是要遵守的。他还说："在我们公司有规定，一定规模的会议，就是二十几人以上的会议，开会迟到的人需要罚站1分钟，这1分钟是很严肃地站1分钟，不是说随随便便的。"

没有规矩，无以成方圆。所有的企业组织，都有自己的流程，流程不是定来给人看的，而是需要遵守的。无论是谁，只要是这个企业组织的成员，就应该受这个流程的约束，这样才能发挥流程的作用。

要想让员工遵守流程，管理者首先要管好自己，为员工们树立一个良好的榜样，言教再多也不如身教有效。正是柳传志以身作则，联想的其他领导人都以他为榜样，自觉地遵守着各种有益于公司发展的"天条"，才使得联想的事业蒸蒸日上。

领导应处于下属的监督之下

联邦快递是一家集邮政快递、物流等为一体的跨国集团公司。弗雷德·史密斯是其中的一任CEO（首席执行官）。在他20

多年的经营之下，联邦快递已变成了高科技、集约化、全球化的国际运输集团。在对待员工方面，他有一个独特的做法，就是让员工监督经理。

史密斯对待员工的措施之一是让每个员工都受到公平待遇，为此，联邦快递的管理者们总是必须经过严格的训练并受到密切的监督。每一位管理者上任之后，每年都要接受老板和工人们的评估。如果一位管理人员连续几年所受的评估都低于一个预定的数值，那么等待他的只能是解雇。

联邦快递员工每年都会收到包含 29 个问题的调查问卷。前10 题是与个人有关的工作团队气氛，如："主管尊重我吗？"接下来的问题主要调查直属上司的管理态度，以及关于公司的一般情况。最后一题则与公司去年的表现有关。将调查结果按不同团队做成一览表，并列出各主管成绩。前 10 题的综合得分则形成领导指标，该指标关系到 300 位高级主管的红利，而红利通常为资深主管底薪的 40%。但若领导指标没有达到预定目标，就拿不到红利。

所以，这项规定对主管而言，意味着他们要与部下融洽相处且善待他们；对员工而言，意味着他们的行为可能影响公司。

联邦快递的主管收到自己以及其他部门主管的成绩一览表后，便召开部门会议。其目的在于让团队（主管和部属）探究问题并提出改进设想，作为下年度的主要工作计划和目标。

位于孟菲斯的联邦快递收款部门，在 2 年前的调查结果中，领导指标只得了 70 分，远比预期低，却一直没有改善行动。员工抱怨年年情况一样，而且没有人聆听他们说话。直到后来部门经理汉森注意到，"我的上司供应我们所需的支援吗"一题中，他只得了 14 分。

汉森立刻召开会议，深入探讨。他回忆说："他们直谏我过去两年的不当行为。老实说，我怕得要死，因为他们现在要找我的分数。我足足听训 7 个小时。"

汉森发誓改变情况，部属也允诺帮忙。他开始常在部门内走动，听取员工心声。他之下的各级中层干部也和自己的团队开会，并且草拟早上 5 点到晚上 10 点的弹性工作时间实施办法。另外还有一项比较特别的办法，就是让因小孩生病而临时不能上班的员工，能在日后弥补意外的旷工时间。这些办法实施后，不仅提高了士气，也提高了生产力。据估计，实行弹性上班时间所带来的减少加班和节省人力，在两年内为公司省下 200 万美元。而且，收款部门员工还研究出一套统计评比系统，以更科学、更精确的方法公平评价员工的表现。

总之，事情有了戏剧性的变化。收款部门的领导指标在 3 年内增加至 90 分！

管理中有一个著名的"鱼缸"法则，说的是鱼缸是用玻璃做的，透明度很高，不论从哪个角度观察，里面的情况都能看得一清二楚。"鱼缸"法则运用到企业管理中，就是要增加单位各项工作的透明度，将领导者的行为置于全体下属的监督之下，有效地防止领导者享受特权、滥用权力，从而强化领导者的自我约束机制。

让员工监督上司，一般人肯定觉得难以理解："我是管他的，他倒反过来管我，到底是谁管谁？"

其实，员工监督上司只是对管理者的行为进行监督，使其权力的行使有利于工作进程，并不是要干涉上司的具体事务。"鱼缸"法则在管理中的运用，可以充分地监督管理者，并使上下形成合力，更有利于工作的完成。

对滥用权力最有效的约束就是流程

在我国传统文化中，儒家学说无疑占主导地位，其关于人的核心理念是"人性本善论"。由此出发，在涉及治国方略时，性善论认为，既然人性是善的，就没有必要建立、健全各种法律流程，只要加强道德感化即可；只有在道德感化无法奏效的情况下，才辅之以法律，即所谓"德主刑辅"。这样，法律就成了道德的附庸。在权力与法律的关系问题上，性善论支持权大于法。由于他们过分相信掌权者的道德自律，迷信"圣君贤相"，放松了对掌权者的警惕，忽视了对权力的法律制约，导致权力凌驾于法律之上。

相反，西方占主导地位的是"人性本恶论"文化。柏拉图由早年典型的人治论者转变为晚年的法治论者，其重要原因就是他认识到人的统治中混有"兽性因素"。因此，人类必须有法律，并且必须遵守法律。否则，他们的生活就像最野蛮的兽类一样。西方对人性的不信任产生了法治思想，大概始于此。柏拉图的学生亚里士多德在《政治学》一书中指出，人类具有罪恶本性，失德的人会贪婪无度，成为最肮脏、最残暴的野兽，这是城邦幸福、生活和谐的莫大祸害。西方基督教的"原罪说"更加剧了对人性的不信任。性恶论为法治思想奠定了文化根基，既然人性是恶的，就必须努力健全法律流程，防止人性中的贪婪成分恶性膨胀。

然而，对于权力，我们长期以来侧重于道德制约，忽视了加强法律和流程制约的重要性，没有认识到流程建设的根本性、长期性和全局性，以致出现了严重的个人专断和个人崇拜现象。这个教训不可谓不深刻。

一个地方存在一个至高无上的权威并不奇怪，但如果公众心目中的最高权威不是法律，而是所谓的"人格魅力"、"权力道德"，那么这个社会肯定不是法治社会，即便不是"赤裸裸的人治社会"，也只能是"法治面纱下的人治幽灵"。在权力高于法的地方，法都是随执掌权力人的意志而被随意塑造的。这种环境下的法是"人格化"的，没有理性而且多变，人们无法信赖法律，也无法依靠法律，只能转而投向"人身依附"或"权力依附"，其结果就是"权钱交易"、"权力寻租"等贪污腐败现象横行于世。当法律的权威远不及一人之言时，国家就有倾覆的危险。马克斯·韦伯在其著名的官僚制合理性设计理论中也认为，个人魅力型统治，是建立在某个具有非凡气质的领袖人物的人格魅力之上的，行政职务不是一种稳固的职业，也没有按正常途径升迁，全凭领袖个人意志的直接指定，其行政体制的特点是反复无常性。所以，所谓的"人格魅力"、"权力道德"并不理性，只靠人的内心自律而没有外在的刚性流程、法律加以约束，是极其危险的。

一切有权力的地方都需要对权力进行制约，否则就会造成权力的滥用，这是一条被人类历史反复证明了的客观规律。

权力滥用产生的根源在于权力失去了监控和约束。流程使各项工作程序化和透明化，强化对权力的监控和约束，滥用权力的可能性就会减小；同时，流程中对滥用权力行为的严厉制裁，会使权力滥用的风险和成本增大，从源头上防止滥用权力行为的发生。

追根溯源，权力起源于维护社会公共利益和社会公共生活秩序的需要，就其本质而言，权力乃是一种公共意志，是人类社会和群体组织有序运转的指挥、决策和管理力量。人类的政治发展史表明，权力，作为一种充满魔力的社会客观现象，曾给人类带来过巨大的利益，也给社会造成过深重的灾难，其关键在于权力的运行是否受到合理有效的制约。

现代团队需用法制代替人治

世界经济形势动荡，市场不确定因素增加，使企业管理层所面临的情况变得极其复杂。在很多情况下，单靠个人能力已无法处理各种错综复杂的情况，并采取切实有效的行动，这就要求组织成员之间相互依赖、共同合作，用团队的力量来解决个人无法解决的问题。因此，各行各业都需要团队的合作来实现绩效与价值。

这是一个团队作业的时代。高效的团队对于任何一个企业来说都是至关重要的，它可以将整个企业牢牢地捆在一起，更好地发挥整体作战能力。正所谓"同心山成玉，协力土变金"，尤其是在面对危机时，一个企业要生存和发展，就不能不依靠团队的力量渡过难关、创造奇迹。因而，如何建设并管理好团队，对各层管理人员都异常迫切。

但是，很多管理者都习惯了事必躬亲，不会放手使用人才，这在组建团队、进入规范化管理阶段就成为了发展的障碍。管理者的"四随"（即随意、随性、随机、随时）也会导致团队成员无法开展工作，团队运作毫无章法和定性。

总经理李先生总是会抽空到各个科室去转转，前几天他们刚接了一个大批量生产任务，他想去看看生产分工和计划工作做得怎么样了。

"我们马上就可以完成这项工作的计划和分工了。"生产部的刘经理热情地说。

"等一下，你们已经把工作计划书完成了？"李经理说。

"你不是要求我们尽快拟订一份计划书吗？"刘经理不解地问。

"我是让你们做了。但是，你们怎么能在我一无所知的情况下自作主张呢？你们为什么不把计划书安排表交过来，让我审查批准呢？"李先生皱着眉头说道。

李先生做得对吗？如果这件事发生在好多年前，李先生的做法还没有什么不妥。但在当今社会，李先生这样做恰恰暴露了他还没有建立完善的流程，他不是用流程理顺团队与管理者的关系，而是凡事都自己动手。

现代的团队越来越复杂，成员的数目越来越多，人们的思想也发生了很大变化。在这种情况下，传统的人治已明显不能满足现代团队的需要了。因此，用法制代替人治，显得尤其紧迫。

公司建立团队，其目的不外乎想利用员工自我管理、自主决策的能力调动其主动性和创造性。在当今社会，李先生还在以一个传统主管的思维去考虑问题，认为自己应该决定一切。从长远来看，李先生如果不改变观念，团队的成员就会失去主动性和创造性，回到被动工作的原始阶段。

在这种情况下，李先生必须要完成从主管到教练的角色转变才能带领团队获得成功。教练要做什么呢？

第一，他要制定比赛规则，规定哪些可以做，哪些不可以做。他要培养团队获得必要的技能、上进的动力，给予他们必需的设备，并且保证他们有效地进行工作。

第二，他要确保团队成员遵守所有流程上规定的要求。团队熟悉这些规则之后，就会按照规则自动运行和自我管理，李先生就可以越来越少地做主管的工作。在上例中，李先生可以问一下是否所有的成员都参与了这个项目的决策，是否每个人都对这个项目满意等等。

第三，他绝不能对团队或是其中任何成员指手画脚。除非他们违反了规则，或者确知该团队尚不具备独立决策的能力。即使这样，他应该做的也只是纠正他们，或是设法帮助团队或其成员培养决策能力。

第三章

健全科学的决策流程，
是执行落实的基础

作决策要遵循的原则

决策是一门科学，如何作好准确的决策分析至关重要。领导者要想作出准确的决策分析，就必须遵从科学的决策原则。从实践来看，领导者要想作出准确的决策，应遵循以下几条基本原则。

1. 选准目标原则

决策目标是指要达到的目的，决策目的明确与否，直接关系到决策效果的好坏。决策目标明确了，选择就会有依据，行动就会有针对性；决策目标不明确，选择就会发生偏移，甚至还会造成南辕北辙的惨痛后果。在进行决策前，领导者要善于发现问题、分析问题，找出问题的症结所在，作出准确的决策。

2. 信息准确原则

现代决策涉及各方面的因素，领导者需要取得比较广泛的准确信息。如果信息是"一鳞半爪"或"道听途说"，决策的依据就不可靠。领导者必须深入调查，获取全面的、准确的信息，才能作出符合客观规律的决策。

3. 系统的原则

这是决策的灵魂。任何决策都应从整体出发，以整体利益为重。一切局部的、暂时的利益都要服从全局的、长远的利益。然而，全局利益又包含于局部利益之中。这个全局和局部的辩证关系，是系统原则的精髓。只有坚持这个原则，才能使决策促进全局和局部的协调发展。

4. 可行性原则

决策方案必须切实可行，否则即使是完美的方案，也只是纸上谈兵。决策方案是否可行，就要对其有利因素和不利因素、主观条件和客观条件作出周密而细致的分析。对已形成的多种方案的利弊得失，必须认真地作出定量和定性的分析比较，作出评估。只有经过审定、评价、可行性分析后的决策，才能有较大的把握和可实现性。

5. 集体决策的原则

在企业的起步阶段，主要靠个人的经验决策。决策的正确与否，主要取决于决策者的个人学识、经验和胆略等。但在企业的壮大阶段，决策的内容是很复杂的，个人的经验决策已行不通了，要吸收多方面的意见。特别要听取专家的意见，进行充分的分析，然后集中正确合理的内容，才能作出科学的决策。

6. 分层次多系统决策的原则

就是根据总的决策目标，由各个层次、各个系统进行具体目标的决策，也就是把总的目标变成各个层次、各个系统的具体责任。这样，才能最终实现决策目标。一般情况下，上级领导不应过多地干涉下级决策，更不能代替下级决策，而应让他们根据实际情况自主决策，这样可以增强各级组织的责任，调动他们的积极性，从而实现总目标。

用流程化管理减少决策失误

无论是一个国家，还是一个企业，都会涉及决策问题。曾获诺贝尔经济学奖的美国著名管理学家西蒙有句名言，"管理就是决策"，由此可见决策在管理过程中的重要性。

对国家而言，一个错误的决策可能给民族带来无法弥补的损失，如二战时期希特勒统治下的德国；而对企业而言，一个错误的决策可能葬送该企业，如巨人集团准备投资 12 亿元建造 70 层大厦的宏伟计划，最终造成了企业的倾覆。

调查显示，大多数企业失败在于投资失误，投资失误源于决策失误，决策失误往往是企业领导独裁即"人治"所造成的。

大部分成功企业是由一两个领导人物执掌大权，主导企业的命运，这种现象可以看做企业的"人治"，实质上是主观的、感性的、一个人说了算的企业管理模式。

应当说，创办和管理一个企业，在一定时期、一定条件下，一个人说了算有一定的合理性，国内外也有不少成功的事例。但是，这种成功是相对的，一般仅存在于企业创业的初期或早期。

那时，企业的规模比较小，条件也比较差，创业者害怕失败，不敢乱来。在这样的心态下，就算是一个人说了算，在决策之前也比较注意听取别人的意见。因此，在创业早期，一个人说了算还有其正面而积极的作用。

但是，一个人说了算在特定条件下的效率与科学意义上的效率不能画等号。在没有科学民主的决策程序的情况下，企业的前景和发展趋势是很难预测的。如果将企业的命运寄托在领导者个人身上，把一个人说了算看成是科学的管理方法，一直坚持下去，早晚要走到尽头。

市场主体的独立性、自主性、平等性、竞争性，要求流程起到引导、规范、调整、制约、保障的作用，这就决定了市场经济只能是法治经济。随着我国市场经济的发展和企业自身利益的需要，从人治走向法治是一种必然趋势，企业只有深刻解读流程化管理的内涵，减少人为不确定因素的影响，才能真正走上稳健的发展道路。

流程化管理从根本上排斥"一言堂"，排斥没有科学依据的决策。企业的决策过程程序化、透明化、科学化，可以使决策结果经得起实践的检验和市场的考验。

流程化管理可以纠正个人错误，即使领导者决策失误，也有一套纠错机制扭转失误。坚持依法治企，建立一套完善的现代企业流程并加以贯彻实施，由"能人治理"变为"流程治理"，是企业实现基业长青的必由之路。

明确决策的流程

科学的决策是一个过程，由一整套决策程序，即若干决策步骤所构成。领导者在决策中的作用绝不仅仅是"拍板"决断，在"拍板"的前后都有大量工作要做。因此，领导者在作出决策之前，要先明确决策的流程：

1. 发现问题，确定目标

处理事物一般包括三个环节，即发现问题、分析问题和解决问题。其中，发现问题是解决问题的起点，由于客观事物是复杂多变的，因而发现问题不是一件很容易的事，必须经过调查研究。没有调查，就没有发言权，领导者只有深入到实际中去调查，才能发现问题。发现问题之后，就要分析问题，找出问题的根源，然后提出解决问题的总体设想，即目标。

2. 分析价值，拟订方案

目标确定后，要分析目标价值，就是做这件事的投入与产出是否合算，效益有多少、有没有负效益，等等。确认了目标价值，就要寻求实现和达到目标的有效途径和办法，即拟订方案。在拟订方案时要准备多种方案备选，只有一种方案是很难实现科学决策的。

3. 专家评估，选定方案

对于拟订的若干方案，要进行充分的评估。而正确的评估，只能由各方面的专家来实现。所谓评估，就是对方案进行定量和定性的分析，预测方案近期和远期、局部和整体、经济和社会的效益，如果同时具备这些效益则是最佳方案。但在现实中，同时具备多种效益的方案是极少的，那么就要在各种方案中进行比较，选出那种正效益较高、负效益较低，即比较满意的方案。

4. 实验试行，检验效果

方案选定后就要实施，为了减少失误，在方案全面实施前，一般都要进行实验或试点，以验证方案的可行性和实效性。在实验试点过程中，领导者要认真分析、总结经验和教训，找出带有普遍性的规律来，具体分析出成功与失败、偶然因素和必然因素。如果试点成功，就可进入全面实施阶段。如果失败，则迅速反馈回去，改变决策。

5. 修改方案，普遍实施

这是决策程序的最后一环。如果在实验试行后证明：这个方案在总体上是可行的，那么在修正弊端的基础上，就要全面推广实施。由于实施方案是一个动态过程，主观和客观条件都在不断地发生变化。因此，领导者要加强方案实施过程中的监督和控制，如果出现小的偏差，那么只作微调；如果主客观条件发生了大的变化，影响了决策目标的实现，那么就必须对原定目标作根本修改。

以上决策流程，只是一般规律，在不同的决策中，各个步骤可以互相交叉进行，有时也可以合并或省略。

能洞察时代形势的变化

面对当今瞬息万变的企业环境，解读及预测时代发展趋势，不仅是企业高层的责任，也是许多领导需要共同承担的研究课题。

的确，在当今这样复杂的环境下，要想成为顺利地推动公司组织发展的人，已经越来越不容易了，至少必须具备以下条件：

（1）能找出全球性时代潮流与大众动向，并加以分析。

（2）能综观整个行业，找出自己的定位，并反映在实际的工作中。

（3）能对未来加以预测，并不断顺应时势，修正不合时宜的规划。

（4）能全面考虑工作，进行决断，并让周围的人充分了解你的见解。

（5）能拟订3~5年后的中长期进度表。

现代企业更新换代的速度和频率之高，已经无法承受任何因为错误决断所带来的严重后果。一旦判断有误，领导不仅无法将目标与自己的行动结合起来；在实现目标的方法上，也会因为忽略了重要的指导纲领，而无法全神贯注地将精力投入到执行计划的过程中。而出现这所有现象的根源都是因为领导者无法掌握现况，对整体与自己的联系认识不清。

面对这样的状况，领导者的当务之急就是要从颓势中扭转过来。可惜现实中，许多领导却因为不知如何应对这种状态而患得患失，在决策时迟疑不前。常见的情况包括：

（1）因信息不足、缺乏自信，以致浪费时间，错失良机，无法作出明确判断，或是作出错误的决策。

（2）因上司经常表示不满，而导致决策力更为迟钝。

（3）一遇到需要作出正确无误的决定时，就会增加开会次数，以期能集思广益。

（4）因为过去不用心进行自我充实，所以很难迈向更高的层次。

（5）因没有养成深思熟虑的习惯，以致无法发掘事情的真相。

无论从上司还是下属的立场来看，这样的领导都是无法让人信赖的。因此一旦企业需要进行调整，他们就会最先遭到淘汰。应该高度警惕。

某著名企业曾在数年前，执行了一项震撼管理界的决策。内容是在200位厂级的领导中，命令其中的50位"自己离开公司，在家等待机会"。

这50位领导者就是因为不能洞察时代形势，跟不上企业发展的脚步，才被命令离开公司的。

一般来说，观察时代的形势变化时，领导者应该注意以下几个重点：

（1）形势变化不一定是以非常直观的形式来表现，很多时候都可能体现在有效细微的征兆上，这就需要领导者有极其细致的观察能力。

（2）要能敏锐注意到会引发重大事态的形势变化，并积极从各种渠道搜集有关资料。

（3）搜集来的资料必须先由当事人确认无误，并客观地加以验证才能使用，以免因个人偏见或误解而庸人自扰。

（4）面对变化时，不能一味担心抱怨，而应针对该项变化提出应对方案；或修改应对方案，拟订更有效的决策。

形势的转变是稍纵即逝的，如果领导者不能尽早掌握状况，而等到事发后才谋求对应之策，就往往会措手不及，造成无法弥补的损失。这样的企业既无法与其他公司竞争，内部也必定问题丛生，长此下去，必然会被淘汰出局。

充分获取有效信息

信息是产生决策意识的萌芽阶段，任何决策目标的确立和决策备选方案的提出都是对信息进行总结、归纳的结果。

1975 年初春的一天，美国亚默尔肉食加工公司的老板正躺在沙发上看报纸，突然，他看到一则令他大为惊诧的短讯："墨西哥将流行瘟疫。"

这位老板立刻推测，如果墨西哥有瘟疫，必定会从加利福尼亚和得克萨斯两州传入美国，而这两州又是美国肉食供应的主要基地。一旦这两地瘟疫盛行，那么全国肉类供应就必定紧张。

于是，在证实了这个消息的可靠性之后，他立即倾囊购买得克萨斯州和加利福尼亚州的生猪和牛肉，并及时运往美国东部。

不出所料，从墨西哥传来的瘟疫很快就蔓延到美国西部几个州。美国政府立即严禁这些州的食品外运。于是美国全境一时肉类价格暴涨，肉类奇缺。

亚默尔公司数月内净赚900万美元，一时占尽风光。

正是亚默尔公司的老板掌握了有效信息，进而作出的决策给公司带来了巨大的利润，可见信息在决策中所起的重要作用。我国古代的《孙子兵法·谋攻》中指出："知彼知己者，方能百战不殆。"其中的"知"归结起来，就是搜集信息的意思。现代决策理论的首创者西蒙也认为："决策过程中至关重要的因素是信息联系，信息是合理决策的生命线。"从某种意义上说，领导者能否做到正确决策取决于他占有的信息量的多少。

领导者在决策之前应该掌握哪些信息呢？主要有两个方面的信息：任务信息和背景信息。这两种信息虽然都与决策制定有关，但领导者仍有必要弄清自己正在寻找的信息和已经获得的信息分属哪一类。

任务信息是指管理者为完成工作需要掌握的信息。在这个方面，管理者对这种信息的定义会与普通员工迥然不同。例如，管理者比普通员工更关心来自战略伙伴和战略竞争对手的信息。任务信息一般有3种形式：第一种是有关工作职务的基本信息；第二种是反馈信息，这类信息必须通过便于利用的方式，及时、准确地传递给使用者；第三种是与提高工作中所运用的技能和知识有关的信息，包括培训资料在内。

背景信息是为了判断自己的任务和决策是否与外部大环境相符。背景信息主要包括企业宗旨、相关产业信息、企业领导层之间讨论公司战略的会议内容等。背景信息对于确保管理者从全局角度看待自己的工作具有极其重要的作用。离开了背景信息，领导者制定的决策就会脱离实际，成为空中楼阁。福特公司在位于布里奇恩德的新工厂中的做法是这方面的一个好例子。作为结束管理层与工会长期对立状态的举措之一，该公司与工会达成协议，向员工公开所有的商业信息。一位工会代表对这一举措的评价是：布里奇恩德工厂的管理者与工会有着一个共同的目标，就是要使企业日益繁荣昌盛。

在现代信息高速发展的社会，互联网技术日益成熟，使信息的全球共享成为可能。众所周知，互联网是目前最大的信息集中地，而互联网就是以资源共享为目的而建立起来的信息平台，它极大地丰富了信息来源，也极大地提高了信息传播速度，使人们能够通过多种渠道，以最快的速度收获信息资源。然而，大量的信息往往使决策者面临两难甚至多难境地。

作为企业的领导者，在决策之前如何才能掌握自己需要的信息呢？

首先，领导者要对信息具有高度敏感性，这样才能获得自己所需要的信息。

其次，信息时时刻刻都在不断地变化，不断地更新，新的信息产生、旧的信息淘汰，领导者应紧跟信息更新步伐，及时掌握信息，提高决策工作效率。只有使领导者及其团队掌握更加真实的信息，才能使决策更加科学化。

综上所述，决策是一项背靠历史、立足于现实、面向未来的主题活动。因此，领导者在进行一项决策前，必须全面掌握对决策有利的信息作为决策依据，这样才能使决策更加理性、更加科学。

不搞"一言堂"

一些企业大搞"一言堂"，许多重要决策往往都是由总裁一个人垄断，一个人说了算，一个人包打天下，个人决定企业的命运，可谓是"成也萧何，败也萧何"。

1989年8月，史玉柱和3个伙伴用仅有的4000元人民币作为初始资金，开创了巨人集团，企业中产品只有一种，即史玉柱自己开发出来的 -6401桌面排版印刷系统。然而通过他们的努力，不到 4 个月，就实现利润近百万元。随后两年内，巨人集团以软件业为根本，相继开发出 –6402 文字处理系列产品及 –6403 汉卡。到 1992 年年底，巨人集团销售收入达两亿元，实现纯利 3500 万元，企业迅速发展，成为中国电脑行业及高科技企业的一颗耀眼新星。然而到 1996 年年底，企业却突然陷入了全面财务危机。为什么一个本来很成功的企业却衰败了呢？其中最主要的原因就是巨人集团的独断决策机制。

每当总裁史玉柱需要作出重大决策时，他总是关起门来，把自己封闭在一个独立的空间里，在屋内来回踱步，一个人冥思苦想。

在巨人集团，企业的决策是高度集中的，集团虽然聘请了许多老总，但因为没有股份，因此在决策时，他们很少坚持自己的意见，也无法对总裁的决策进行干预。巨人集团虽然设了董事会，但也只是一种摆设。决策由总裁办公室会议作出。那办公室会议又是怎样的呢？史玉柱自己坦言："决策会议实行民主集中制，大家可以畅所欲言，然后我拍板，这个总裁会议虽可以影响我的决策，但左右不了我的决策，事实上我拍板的事，就这么定了。"

当时巨人集团计划投资兴建一个 18 层的巨人大厦，但在一念之间又改为 38 层，后来又改为 54 层，并不断加高，从 54 层到 64 层到 70 层，设计投资额也从 2 亿增加到 12 亿。楼层一再加高，竟然没有一个人提出反对意见。

从 64 层加高到 70 层，也是史玉柱一夜之间决定的，也是这个决定致使巨人集团出现全面财力危机，使巨人集团这个巨人跌倒了。

作为企业领导，如果妄自尊大，大搞一言堂，用一个人的大脑取代集体智慧，以个人意志替代科学决策，势必导致决策失败。

俗话说，"众人拾柴火焰高"、"三个臭皮匠胜过一个诸葛亮"。作为一名领导者，在经营环境错综复杂的当今，应该依靠集体的智慧，不能一个人说了算。

美国社会学家戴伊说："正确的决策来自众人的智慧，如果一个人说了算，大家就不会去干。"事实上，也只有不搞"一言堂"，依靠集体智慧作出的决策，才能被有效地执行。

世界著名的壳牌公司在组织管理上的第一大特色是部门拥有充分的自主权，公司的权力不集中在某个人手中，而是分散于各个管理部门。各级实际管理部门可以根据结果和技术报告，不必层层请示，逐级审批，就可以自行作出决策去解决经营过程中所遇到的各种问题。部门主管可以密切地与当地顾客联系，又可以迅速地作出应变，以适应突如其来的外界突发事件。

在重大问题决策管理方面，壳牌公司的做法是：公司里由6名执行董事组成董事会，一切重大决策均须一致点头通过，借以防止董事长一人独断专行。这样的组织管理手段使壳牌公司在20世纪80年代，不仅避免了盲目随潮流而收购其他大石油公司所带来的风险，又避免了大量借外债的风险。

壳牌公司采取这样的组织管理方法，使公司既可以发挥集体的作用，又可以注意发挥执行董事个人的作用。而且公司每一位执行董事都来自基层，他们都至少主持过一个地方部门的业务，所以执行董事的决策意见富有见地，独到深刻。

壳牌公司决策管理流程的成功，告诉我们：人无完人，每个人的能力都是有限的。纵观许多领导者的巨大成功，绝非单纯依靠其自身的双手，披荆斩棘而得来的。他们之所以成功，其秘诀就在于其涵盖了群体智慧。

因此，在千变万化的商业环境中，要制定出一个成功的决策，不但需要领导者个人的智慧，更需要集思广益的智慧。同时，领导者还要善于对不同的决策意见进行比较和融合，取长补短，开阔视野，深化思路，从而使群体智慧最大限度地发挥出优势，才能保证决策的成功。

在情绪激动的时候不作决策

情绪是指个体受到某种刺激时所产生的一种身心激动状态，情绪状态的发生，虽为个体所能体验，但对其所引起的生理变化与行为反应，却不易为个体本身所控制。如果个体是决策者，那么他的情绪会对决策产生重要影响，有时甚至能左右决策的结果。为什么这样说呢？

（1）从理性和非理性的关系来看，在大多数决策的过程中，情感所占的比重绝不亚于理性所占的比重。从实证角度讲，人是一种"社会人"、"复杂人"、"情绪人"，人的许多决策和行为，往往要受意志、情感、欲望等"非理性"因素的影响，或是依经验、习惯、习俗等成见进行。

（2）情绪的状态不容易控制。情绪经验的产生，虽然与个人的认知有关，但是一个人在情绪状态下伴随产生的生理变化与行为反应，却是无法自我控制的。特别在喜、怒、哀、乐、惧、爱、恨时，这种表现会更加明显，所以我们强调情绪十分高涨或十分低落时决策者都不要作决策。

而且，在现实中，无论什么人办什么事，最为忌讳的就是遇事不冷静，突然发生紧张冲动或暴怒的情绪，这些不良情绪所引发的恶果给决策带来的副作用很大。因为盛怒之下的表态批评训斥之后，常常容易作出带有裁制性的断言惩罚与处分。这时的冲动情绪一旦落实在决策中就必然失误，最终为此付出的代价也将无法估量。古今中外都有无数这样的事例。

刘备听到关羽被杀害的消息，悲伤得晕倒在地上，醒来之后便发誓要为关羽报仇。诸葛亮劝他不要冲动，但他一点也听不进去，每天都只顾着操练士兵，想着要去攻打吴国为关羽报仇。

蜀国大将军张飞心情也不好，整天闹情绪，伤心得每天喝酒，喝醉之后就乱发脾气，常常鞭打士兵，有的士兵都被打死了。他的手下都很担心，害怕下一个轮到自己。张飞要求部下范疆和张达赶快做出所需要的白色盔甲，在战场上祭奠关羽。由于时间紧迫，范疆和张达请求宽容几天。张飞大怒，让士兵们把他俩绑在树上狠狠地鞭打，然后对他们说："如果明天准备不好，就要你们的脑袋！"

范疆和张达两人被打得浑身是血，回去后非常害怕。范疆说："怎么办呢？如果明天完不成，我们肯定会被杀死！"

张达说："不如我们先杀掉他！"到了晚上，张飞又喝醉了。范疆和张达两人便趁着张飞酒醉不备，连夜潜入张飞帐中将他杀死，并拿着张飞的首级，率领数十叛军投奔了吴国。

由此可见，人在情绪激动时，不能思考问题，更不宜讨论事情作出重大决议。

一般而言，领导者情绪失控时，应该牢记以下两点：

1. 冷静下来

生理学研究指出，当人在情绪失控时，脑中往往会产生极度缺氧的情况。因此，此时的决策或行为往往不是我们意识所能控制的。所以，此时领导者千万要让自己冷静下来！一方面让自己极度缺氧的大脑多吸收一点氧气以免作出事后会"后悔莫及"的举动；另一方面更要沉淀心中那股冲动的情绪！

2. 赶紧跳脱引发情绪失控的情境

人在"情绪失控"时会作出一些非理性行为或决策的原因之一，就是陷入当时引发情绪失控的情境之中。因此，领导者一旦察觉到情绪已经有点失控时，应立刻跳离当下的情境，以避开引发情绪失控的刺激。唯有如此，才能避免陷入"愈想愈气"这种情绪失控的螺旋陷阱里。

身为领导者，应该学会了解自己的情绪，甚而驾驭自己的情绪，使自己的智慧与情绪相结合，进而作好决策。

让决策远离朝令夕改

在下棋的过程中，"悔棋"是最令人厌烦的。那么，如果将领导者对组织进行领导的整个过程比作下棋，决策的朝令夕改就是"悔棋"。走棋之前不仔细想清楚，出麻烦了，方知走错了一步，老是"悔棋"就会没有了弈友。朝令夕改也一样，领导者的决策改多了，会削弱自己命令的力量，渐渐地就丧失了领导者的权威和威信。

中国是一个重视信誉的国家，信誉乃"齐家、治国、修身"之道。信用是领导者有效管理的人格保证。人无信则不立，作为领导者更是如此。有时候对于领导者而言，信誉甚至比能力更重要。有能力但没有信誉的领导者，下属不会服从；有能力而又有信誉的领导者，下属就会听令。任何一个下属都讨厌那些"算了不说，说了不算"和"朝令夕改，夕令朝改"让人无所适从的领导者。所以，作为领导者必须慎重决策、慎重表态，增强决策与表态的正确率。一旦作出决策和表态，则"一言既出，驷马难道",坚决落实和兑现。

公元前 781 年,周幽王继位。幽王昏庸无道,只知道吃喝玩乐,到处寻找美女,还任用奸谗好利的虢石父执政,弄得朝政腐败、国人怨恨,加上天灾频频,整个国家危机重重。褒响劝谏周幽王,却被幽王一怒之下关进了监狱。褒响在监狱里被关了三年,他的儿子将美女褒姒献给周幽王,周幽王才释放褒响。自从得了褒姒,幽王迷恋其色,不仅不治国安民,更加穷奢极欲。可是褒姒自从进宫,就从来没有笑过一次。幽王想尽办法想让她笑起来,都没有成功。于是幽王悬赏:能令褒姒一笑者,赏金千两。

周朝为了防备西部犬戎的侵袭,在骊山一带造了很多烽火台。如果犬戎侵袭,烽火台的士兵便点燃烽火报警,附近的诸侯见到,就会发兵来救。于是虢石父对幽王说:"大王可以带褒姒到骊山去玩。到了晚上,我们点燃烽火,让附近的诸侯赶来,叫他们上个大当。娘娘见这些兵马一会儿跑过来,一会儿跑过去,就会笑的。"

幽王拍手叫好,并按虢石父说的去做了。晚上,烽火一点起来,满天全是火光。邻近的诸侯以为有敌来犯,纷纷带兵前来救援。没想到一个敌人也没看见,也不像打仗的样子,却只看到幽王与褒姒正在宴饮作乐。褒姒看到诸侯们哭笑不得的样子,感到很有趣,果然大笑了起来。周幽王看到褒姒笑了,立即赏了虢石父一千两金子,笑逐颜开地对诸侯们说:"辛苦了,各位,没有敌人,你们回去吧!"诸侯们这才知道上了大王的当,十分愤怒,各自带兵回去了。

幽王为了博得褒姒的欢心，便下令废去王后申氏，立褒姒为后。此举令申后的父亲申侯十分不满，一怒之下，便向犬戎借兵，攻打周都镐京。幽王见犬戎兵到，急忙下令点燃烽火求救。但是那些诸侯们只当是幽王又在开他们的玩笑，纷纷按兵不动。结果，孤立无援的镐京很快被犬戎攻破，幽王被杀，褒姒也被掳走。

这就是昔日周幽王"烽火戏诸侯"的典故，幽王失信于臣民，结果害死了自己。作为现代的领导者，应以此为戒，要坚持把信誉放在第一位。确实，没有谁愿意服从处世轻率、决策不顾后果的领导，这样的领导发号施令或做工作都只会越来越难。

领导者一定要在平时就注意培养自己的坚定性，凡事要"三思而后行"，一旦发令便不轻易更改。对于已经决定的事情，即使发现不是最优方案，也不要随意变更，而应该多做观察。政策的连续性往往比政策的最优化更重要。当然这并不意味着鼓励领导"执迷不悟，一意孤行"。每个人都有犯错误的时候，如果领导者犯了弥天大错，却要执行到底，那么，这个组织就有危险了。

号令、程序、规章的颁布和执行，不能犹豫不决、朝令夕改、因人而变，应保持相对稳定性，并坚决执行。一个成功的领导者，他的坚决和定性，是他领导能力的基础。当一个领导者对自己的决定进行频繁的修改时，他实际上已经失去了领导的能力。领导者作为号令的发布者，一定要明白号令的法规作用，切忌朝令夕改。

面对朝令夕改的领导者，下属不敢作出任何个人判断，只好事事征求领导者的同意，甚至要领导者签名证实。这样做，工作效率就可想而知了。当领导者以为找到了一个更优的方案，把决定改变了，可能过几天又会有新的想法，这样决策就会没完没了，执行力也就无从谈起。

这就要求领导者在作决策之前，必须依据一定的程序，例如搜集资料、分析讨论，而不是照个人的喜好与直觉作判断。领导者在作决策时，除了运用自己已有的知识和经验外，更应尽量多听听各方面的意见，博采众家之长，使决断更加正确和符合实际。领导者可能欠缺对于第一线业务或信息的掌握，所以正常的决策过程，必须借由部门上下的讨论与共识而达成。

当一位领导必须改变其原先的决策时，必定有其不得已的原因。不断地尝试与犯错，也是组织发展必经的历程。这时要想不让下属觉得自己是在朝令夕改，领导者就需要在平时的沟通当中建立互信的基础。

领导决策是关系到一个组织未来前途的许诺，是一件极为严肃的事情。在日常生活工作当中，领导者要坚持养成决不应允任何自己不能兑现的事的习惯，确实使所有的下属都认识到自己是一个言而有信的领导者。在得到下属理解的基础上，领导即便偶尔地更正自己决策的错误也能得到下属的原谅，收到最好的效果。

第四章

用流程选拔人才，
为员工创造公平竞争环境

让优胜劣汰淘汰出活力与竞争力

杰克·韦尔奇说："行动能力是淘汰出来的，你最重要的工作不是把最差的员工变为表现不错的员工，而是要把表现不错的员工变成最好的。"要提高公司的活力，在公司内部的用人机制上，需要遵循适者生存、不适者淘汰的原则，及时裁减冗员，将那些不能胜任工作的员工淘汰出局。这样，一方面能减轻企业的负担，另一方面也使留下来的精英时刻有一种危机感。

在一个企业内部，如果没有一种竞争的氛围，势必出现"堆出于岸，流必湍之；木秀于林，风必摧之"的情形。如此，优秀的人才必然掩藏自己的才华，以求自保，企业也必安于现状，不思进取，最终输在外部竞争中。为了增强企业的活力与竞争力，优秀的企业会在内部引进合理的竞争机制。

世界知名的企业，都有各自成功的秘密法则，但有一个法则是通用的，那就是：留下优秀的，淘汰差劲的。通过优胜劣汰的方法，他们把那些对公司发展并不能提供更多帮助的员工清出局，而对那些具有成功潜质的员工悉心培养。

当然，体制问题还有行业的性质导致每个企业的实际情况不尽相同，再加上淘汰制也没有固定的模式，一个企业在实践中必须结合自身的实际情况和管理需求来贯彻这一管理理念。下面提供3种基本模式以供参考：

1. 考核淘汰制

这是利用考核评议结果作为淘汰标准的机制，这一机制的特点在于其公正、客观和有效性，它被绝大多数企业采用。

创大公司在深化内部改革过程中，建立了新的用人机制，全面实行员工自然淘汰流程。该流程共分5个层次，3个考核评议区，按百分制每半年进行一次量化考核，1年为一个考核周期，每次考核按3%左右的比例，在各考核区由高分往低分，确定淘汰对象。员工淘汰下岗后，由公司组织专门学习和培训，待具备上岗条件后再竞争上岗，弥补因淘汰下岗造成的缺员。

据当时的相关资料表明，正是由于创大公司采取了考评淘汰流程，第二年，其母公司经济效益取得了历史性突破，一举扭转连续24年亏损的局面，实现了扭亏为盈。

2. 末位淘汰制

"末位淘汰"是指依据某种标准将处在最末的人员淘汰出去。淘汰有多种涵义，如降职、轮岗、培训等，实在不适合岗位的，才真正予以淘汰。

"末位淘汰制"可以使员工时刻保持竞争状态，时刻具有危机意识。它不是一个简单的人员淘汰，而是较充分地考虑了员工的努力程度，它使企业员工在整个考核年度中，熟知自己的工作职责和业绩标准，可以依据自己制定的具体目标，并通过自己的努力工作来把握自己的命运。"末位淘汰制"的压力最终会转变成员工的工作动力。

企业在采取这种淘汰流程时应当果断坚定，但必须保持公正。在进行"末位淘汰"时不能搞一刀切，若这样，倒霉的一定是最基层的员工。淘汰应分层次：部长、主任、主办等各个层级都应有合理的人员流动，这样才能激活整个组织。

实行"末位淘汰制"最重要的就是，要避免出现某些人将其个人行为变成组织行为。否则，淘汰出去的反而可能是人才。为了杜绝这种现象，就必须确保建立科学的考核体系和相对独立的监督反馈机制。通过这个体系，员工应该有一个明确而稳定的预期：他有权知道也应当清楚自己在什么情况下、怎样做才是正确的；他这样做了，劳动权益就应受到保护。如果"末位淘汰制"完全不具备这种明确性、公开性和公正性，那就只会搞得人人自危，谁都不知道自己是不是处于"末位"，谁都不知道怎样做才不至于陷入末位陷阱，压制他人成长的恶性竞争也会迅速增长。这样，员工整体的工作安全感下降，压力增大，投机心理和愤怒情绪普遍看涨，就会对企业发展起到完全相反的效果。

3. 知识老化型员工的淘汰机制

这种淘汰是基于知识管理的一个举措。随着社会的快速发展，知识的不断更新，面对知识经济时代的挑战，很多员工在企业发展过程中，有可能因知识结构的老化而不适应时代或者是企业发展的需要。针对这种情况，有关专家提出的知识老化型员工淘汰机制具有借鉴意义。

知识老化型员工淘汰机制属于知识奖惩机制的范畴，知识奖励机制还包括知识薪酬支付流程、知识股权期权流程、知识晋升流程、知识署名流程和知识培训流程等。专家们认为，知识老化型员工淘汰机制是针对不能实现企业知识管理目标的员工而建立的淘汰机制，通过建立知识老化型员工淘汰机制，可以从反面推进企业知识管理目标的实现。

流程的最大意义是保证人尽其才

企业实现执行力的关键是需要建立一种协同个人贡献的机制，即"群体运行机制"。企业的管理者为了提高公司业绩和执行力，已经越来越重视人才的使用。但大量事实证明，单纯关注个体员工使用的管理者并不能保证一个组织高效运行。

保证人尽其才，并使这些人才协同一致，以此来提升团队的运行效率。迪克·布朗就是设计这种流程的高手。他在 1999 年 1 月当上了 IT 服务业的巨人——电子数据系统公司（EDS）的 CEO。在他上任之前，公司庞大的规模和全球化经营使 EDS 陷入了繁杂的事务中。EDS 试图调整业务，但结果很不理想——业务大幅萎缩，连续几年未能达到预期赢利。

布朗创立了群体运行机制，以保证业务的成功。其中最重要的一项是每月一次的"执行会议"——一个包括来自全球约100个EDS业务主管的电话会议。在会议中，每个单位的月成果和自年初的累积成果都要被讨论到。这样很快就可以知道谁做得好，谁需要帮助。这使每个部门不得不高效工作，避免居人之后。另外，在与业绩不理想的主管对话的过程中，布朗会刨根问底式地询问，使落后者感到压力，从而迎头赶上。

布朗设计的群体运行机制以其公开、公平、透明的特点赢得了公司上下的赞誉，每个主管都会根据业绩的需要自觉调整自己的团队，力求每一个人都是在他最合适的岗位上工作。布朗每两周都要给全体员工发一份电子邮件，让他们了解公司的一些特别成就，同时讨论公司在优先业务里所处的状态，这种做法使公司的共同目标得到加强，决策得到传达。到1999年年底，EDS群体运行机制的效果明显体现出来了，公司各级主管把关注点转移到吸引和留住人才上，促使人尽其才。同时，公司里的每一个员工对公司自身的成长、客户满意度以及责任感的关注也日益增强。EDS的业绩由此直线上升。

随着组织成员越来越多，协同一致就成了更大的挑战。为了分摊责任，公司往往会创建一种组织构架。建立这种构架时，也就是组织内部的社交互动发生改变的时候。通常，一个部门到另一个部门的信息流动会遇到障碍或者被歪曲。公司规模越大，人们分享信息、做出一致决策和调整其优先业务的难度就越大。决策的速度变慢，执行力的优势就会被削弱。因此，企业运行机制的最大意义是保证公司各项信息流动的便捷性、有效性和准确性。

没有伯乐，也能发现千里马

世界各国中，第一个使用客观标准来选拔人才的国家是中国，这就是我们平常所说的科举制。虽然这个流程有其一定的历史局限性，但它毕竟用了一个相对客观的标准来选拔评判人才。因此科举制也得以漂洋过海，成为西方文官流程的鼻祖。当然，由于受人治的影响，科举制不可避免地存在很多局限性，而且科举制是政府选拔人才的方法，并不是用市场的标准来评判人才。

人才选拔的标准多种多样，不过基本上可以归纳为两个标准：主观的和客观的。

现代社会，全球实行市场经济流程的国家越来越多，使用市场的标准来选拔人才也被越来越多的机构认可。特别是一些跨国公司，都有一些如市场占有率、利润增长率等经营业绩的硬指标来评判一个企业的领导人才，而较少用主观标准。企业人才的选拔必须客观指标多于主观指标，就像选好马就必须到赛马场一样，要比成绩，而不是比外观。

"赛马"的好处很多，它可以避免伯乐单独相马而导致的人治问题，可以解决伯乐相马一眼定终身而使群马不求上进的问题，可以解决因伯乐数量不足、精力不够带来的群马可能机遇不等的问题，它有利于好马戒骄，次马防馁，大多数马时刻处在跃跃欲试的备赛状态。

"赛马"机制的广泛推广，必然会对育马、养马、驯马提出新的要求，从而产生更多的好马。

当然，提倡"赛马"，并不是要否定伯乐的作用。"赛马"仍然包含着相马的工作，只不过是要将这项工作放到更广阔的空间里去做，并使之建立在实践基础和群众基础之上。在"赛马"过程中，需要伯乐当好组织者和裁判员。同时，实行"赛马"还要求伯乐扩大职业范围，把发挥所长和更新知识结合起来，去研究和参与育马、驯马、养马工作。从另一方面看，在"赛马"中，由于吸引群众参加了相马工作，无形之中就扩大了相马者的数量，伯乐的队伍就大得多。这对那些专门从事伯乐工作的人也是一种促进，这对改变他们原先孤身"奋战"疲于奔命的状况，也颇有裨益。

"赛马"坚持实践第一，重量化指标和客观效果，而"相马"往往凭经验定性，带有浓重的主观主义和人治色彩；"赛马"是公开透明的，让人一目了然，而"相马"往往是少数"伯乐"的

"决定"，容易引起非议，也容易导致腐败。

"赛马"中人才是主动参与者，他们能够主宰自己的命运，而在"相马"中，人才是被动的。

"赛马"都有明确的"赛马"规则，量化的"赛马"条件，而且多在大庭广众之下进行，赛的结果比较真实，容易让人信服。而"相马"不仅要受到"伯乐"眼界的局限，还容易受到其他因素左右，其结果往往会引来争议。

"赛马"的参与者因为是凭借自己的实力脱颖而出的，因此更加珍惜到手的成果。而因"相马"受到任用的人，很容易对"相"中他的"伯乐"感恩戴德，只对其负责，在工作中很难做到公私分明。

"赛马"凭借的是真才实学和过硬的业务水平，而"相马"很容易诱导那些参与者去找靠山，买关系，做表面文章，助长人们相互猜忌、明争暗斗的歪风邪气。

"赛马"机制改革了传统的选人方法，使人尽其才，才尽其用，人人都在公平的基础上进行竞争。这种竞争机制的引入有利于克服企业中人浮于事、干部能上不能下的人事矛盾，经常保持人事相宜，带给企业的好处是很多的。

"赛马"和"相马"都是人才的选拔手段，其宗旨都是为人才创造脱颖而出的条件，而执行起来的结果却大相径庭。可以说，"赛马"机制是符合市场经济发展规律的一种人才选拔方法，值得我们学习借鉴。

用规范的流程保证薪酬流程的质量

制定健全科学的薪酬流程，是企业流程建设的一个重点，也是推行流程化管理的核心内容。企业薪酬流程是诱导员工行为因素集合于企业目标体系的最佳连接点，即达到特定的组织目标，员工将会得到相应的奖酬。因此，需要有一套完整而正规的程序来保证其质量：

1. 确定企业薪酬的原则与策略

这是企业文化的一部分内容，是以后诸环节的前提，对后者起着重要的指导作用。在此基础上，确定企业的有关分配政策与策略，如分配的原则、拉开差距的标准、薪酬各组成部分的比例等。

2. 职位分析

职位分析是确定薪酬流程的基础。结合企业的经营目标，企业管理层要在业务分析和人员分析的基础上，明确部门职能和职位关系，规范职位体系，编制企业的组织结构系统图。人力资源部和各部门主管合作编写职位说明书。关于这方面的著作较多，在此不再赘述。

3. 职位评价

职位评价重在解决薪酬的内部公平性问题。它有两个目的：一是比较企业内部各个职位的相对重要性，得出职位等级序列；

二是进行薪酬调查，建立统一的职位评估标准，消除不同企业间由于职位名称不同，或即使职位名称相同，但实际工作要求和工作内容不同所导致的职位难度差异，使不同职位之间具有可比性，为确保薪酬的公平性奠定基础。它是职位分析的自然结果，同时又以职位说明书为依据。

职位评价的方法有许多种，比较复杂和科学的是计分比较法。它首先要确定与薪酬分配有关的评价要素，并给这些要素定义不同的权重和分数。在国际上，比较流行的如 HAY 模式和 CRG 模式，都是采用对职位价值进行量化评估的办法，从三大要素、若干个子因素方面对职位进行全面评估。

大型企业的职位等级有的多达 17 级以上，中小企业多采用 11 ~ 15 级。国际上有一种趋势是"减级增距"，即企业内的职位等级逐渐减少，而薪酬级差变得更大，呈现出宽幅化的特点。

4. 市场薪酬调查

市场薪酬调查重在解决薪酬的外部公平性问题。薪酬调查的对象，最好是选择与自己有竞争关系的企业或同行业的类似企业，重点考虑员工的流失去向和招聘来源。薪酬调查的数据，要有上年度的薪酬增长状况、不同薪酬结构对比、不同职位和不同级别的职位薪酬数据、奖金和福利状况、长期激励措施以及未来薪酬走势分析等。

5. 确定薪酬水平

通过薪酬结构设计为不同的职位确定的薪酬标准，虽然在理论上是可行的，但在实际操作中，若企业中每一职位都有一种独特的薪酬，就会给薪酬的支付和管理造成困难和混乱，也不利于对员工进行管理与激励。所以，实际上总是把众多类型的薪酬归并组合成若干等级，如200分以下的职位薪酬水平为第一级，200～400分的为第二级，以此类推。

薪酬等级数目应视企业的规模和行业的性质而定，其多寡并没有绝对的标准。但若级数过少，员工会感到难以晋升，缺少激励效果。相反，若数目过多，则会增加管理的困难与费用。

另外，还要给每一等级都规定一个薪酬变化的范围，或称为薪幅，其下限为等级起薪点，上限为顶薪点。各等级的薪幅可以一致，但比较常见的是随等级上升而呈累积式的扩大。相邻等级的薪幅之间会出现重叠，这不仅是不可避免的，也是必要的和有益的，可以使员工在某一等级内获得较高的薪酬，从而激发他们的工作热情。但重叠的部分不宜过多，否则可能会出现员工在晋升后薪酬反而降低的现象。

6. 薪酬的实施与修正

薪酬流程一经建立，就应严格执行。在保持相对稳定的前提下，还应随着企业经营状况和市场薪酬水平的变化作相应的调整。

在激励员工的过程中，管理者要给员工提供一套令他们满意的薪酬体系，这对全面使用各种激励方法具有奠基作用。

灭恶性竞争之风，立良性竞争之气

人对于美好事物都有羡慕之情，这种羡慕之情来源于对别人拥有而自己没有的好的东西的向往。关系亲密的人，这种羡慕之心尤为显著。

很多人羡慕别人的长处，就会鞭策自己，努力工作、刻苦学习，赶超对方。这种人会把羡慕渴求的心理转化为学习、工作的动力，通过与同事的竞争来缩短彼此间的差距。这种行为引发的竞争就是良性竞争。

良性竞争对企业有很大的好处，它能促使企业员工之间形成你追我赶的学习、工作气氛，每个人都积极思索如何提高自己的能力，掌握更多的技能，从而取得更大的成就。这样一来，企业的整体水平就会不断提高，充满生机与活力。

但并不是所有的人都明白良性竞争的道理，有些人由羡慕转为忌妒，甚至是嫉恨。这种人不但自己不思进取，还会想出各种见不得人的花招打击比自己强的人，拉先进的后腿，让大家扯平，以掩饰自己的无能。这种恶性竞争只会影响先进者的积极性，使员工之间戒备心变强。如果整个企业长时间处在这样的气氛中，那么员工的大部分时间与精力都会耗在处理人际关系上，就是身为管理者的你也会被如潮涌来的相互揭发、抱怨湮没，这样的组织你还能有什么指望呢？

在这样的公司里，大家相互抗拒，工作不能顺利完成，怕打击报复，谁也不敢冒尖。人人都活得很累，但是公司的业绩却平平。

如果你是一个组织的管理者，平日一定要关心员工的心理变化，在公司内部采取措施，从流程和实践两方面入手，防止恶性竞争，积极引导员工参与到有益的良性竞争中来。让大家心往一处想，劲儿往一处使，公司的工作才能越做越好。

竞争中任何一点儿不公正都会使竞争的光环消失，如竞选某一职位，员工知道领导早已内定，还会对竞选感兴趣吗？如进行销售比赛，对完不成任务的员工也给奖，能不挫伤先进员工的积极性吗？失去了公正，竞争就失去了意义，只有公正才能达到竞争的目的。

具体来说，防止恶性竞争、引导良性竞争需要注意以下8个方面：

第一，要有一套正确的业绩评估机制。要多从实际业绩着眼评价员工的能力，而不能根据其他员工的意见或者是管理者自己的好恶来评价员工的业绩。总之，评判的标准要尽量客观。

第二，进行团队精神塑造，让大家明白竞争的目标是团队的发展，而不是"内耗"。

第三，创造一个附有奖励的共同目标，只有团结合作才能达到。

第四，对竞争的内容、形式进行改革，剔除能产生彼此对抗、直接影响对方利益的竞争项目。

第五，在组织内部创建一套公开的沟通体系。要让大家多接触、多交流，有话摆在明处讲、有意见当面提。

第六，找出一个共同的威胁或"敌人"，如同行业的另一家公司，以此淡化、转移员工间的对抗情绪。

第七，不能鼓励员工搞告密、揭发等小动作。不能让员工之间进行相互监督，不能听信个别人的一面之词。

第八，处罚彼此暗算、不合作的行为，指出从现在开始，只有合作才能受到奖励；批评不正当竞争者，表扬正当竞争者；坚决惩罚那些为谋私利而不惜攻击同事、破坏组织正常工作的员工。

总之，企业要为员工创造良性的竞争环境，让每个人都有正确的竞争意念并投入到竞争之中，组织的活力才永远不会衰竭。

选人的范围要"厚"

领导者选人时，在范围上要秉承宽厚的原则，要任人唯贤，不能计较个人恩怨，做到"内举不避亲，外举不避仇"。古代帝王在选拔官员的时候，唯一的标准是这个人是否有能力，在其位是否能最大化为国家利益服务。如果满足这个条件，仇人也可以举荐，亲生儿子也可以举荐，直属的下级也可以举荐。

春秋时期，晋平公问大臣祁黄羊："南阳缺个县官，你看派谁去合适？"祁黄羊说："解狐最合适。"晋平公很奇怪："解狐不是你的仇人吗？你为什么要推荐他？"祁黄羊回答说："您只问我谁能当县官，又没有问我谁是仇人。"又有一天，晋平公问祁黄羊："朝廷里缺个尉官，你看谁合适？"祁黄羊说："祁午合适。"晋平公又感到奇怪了："祁午不是你的儿子吗？你不怕别人说你为儿子走后门吗？"祁黄羊回答说："您问的是谁适合当尉官，并没有问祁午是不是我儿子。"

孔子听到这两件事，十分称赞祁黄羊。孔子说："祁黄羊这人可真不错，他推荐人，完全是拿才能做标准，对外不计较私人仇怨，对内不避讳亲生儿子，真是大公无私啊！"

祁黄羊之所以举外不避仇，完全因为他所秉持的是一颗公正的爱国之心。他抛却个人恩怨，举荐仇人解狐，表现出令人敬佩的高风亮节。

清太祖努尔哈赤是清王朝事业的奠基人。他以13副铠甲起兵，经过数十年的艰苦创业，终于使满族发展成为能与明朝抗衡，并取得胜利的力量。这里当然有许多原因，而努尔哈赤广揽人才、善于用人则是其中的重要原因之一。在他最初起兵统一女真各部时就注意争取各部的人才，并能化敌为友，显示出他广阔的胸怀，被后人传为佳话。

为什么历史上有许多杰出的领导者都能够做到"不避仇敌而委以任用"这一点呢？

仔细分析起来，其实也很简单，还是回到用人的出发点上，只要是有德有才的人，就不应该因为一己私利而弃之不用，真正高明的领导者，要成就大事，完全不会去注意个人的恩怨和感情问题，他们的眼里只有"人才"和"无才"之分，而没有亲仇的概念。他们更为清楚的一点就是，如果能够放手使用原来敌对阵营的分子或与自己政见不合的人，是表现自己宽宏大量、公正无私、求贤若渴的最好时机，也只有这样做，才能广纳天下贤才！

唐朝建立后不久，唐高祖李渊的两个儿子李建成和李世民为争夺皇位继承权展开了激烈的斗争。魏徵原是李建成的主要谋士，曾献策除掉手握兵权的李世民。李世民获悉后发动了"玄武门之变"，消灭了李建成的势力，魏徵作为李建成的余党被抓获。按当时的惯例，应当把他处死并株连九族。

但李世民并没有这样做。在审问魏徵的时候，太宗问他："你为何要为李建成出谋划策，与我作对？"魏徵毫无惧色，答道："人各为其主，可惜太子不听我的劝，否则今天的胜负尚未可知！"李世民见他机警刚直，是个难得的人才，便不计前仇，不仅没有治他的罪，反而任命他为谏议大夫。而魏徵也没有因为感谢不杀之恩而对太宗阿谀奉承，只是一心一意辅佐太宗治理朝政，并尽心尽力直言进谏，经常给太宗提出意见和批评，许多意见尖锐激烈，有时甚至把太宗弄得面红耳赤，在众大臣面前下不来台。太宗虽然有时很生气，但他完全明白魏徵的批评是出于一片忠心，为了维护江山社稷的长治久安。因此太宗十分器重魏徵，并在一次酒宴上公开表扬魏徵："贞观以来，尽心于主，安国利人，犯颜正谏，匡朕之违，唯见魏徵一人。古之名臣，何以如此。"并随即解下佩刀赐予魏徵。

当然，也并不是所有的仇家敌将都应该招为己用，否则历史上也就不会有那么多因用人失败而国破家亡的血腥史了。在运用"不避亲仇"的谋略时，领导者还需注意的一个问题是：在考虑所谓的"仇""敌"时，要考虑到对方是否人品出众，是否有才有能，用了他对于自己是利是弊等等。

在用人上，完全弃用仇敌固然不可取，完全信用仇敌也是不明智的，历史上有许多事例都证明，领导者不加审查，随意招降纳叛，结果招进来的所谓"人才"不但不予感激，反而尽展阴谋诡计，毁掉了自己苦心经营的事业。

可见，"外举不避仇"的用人谋略，其根本出发点就是有利于自己的事业，只要有利于事业，即使是再仇恨的人，也能以诚相待，邀其加盟，为自己的事业发挥作用。否则，即便他才能世间无双，也坚决不能吸收到自己的帐下。

选人的标准要"严"

领导者选人的标准要"严"，意思就是领导者在为企业选择人才时，对人才的能力素质要有严格的要求，不能什么人都要，萝卜白菜一把抓。

有一篇著名的寓言，说一个人惧怕锋利的剃刀，为了不使自己的脸面受伤，就用一个很钝的锉刀来刮胡须，结果，不但胡子没有刮干净，还刮得满脸是血。他最后写道："世上好多人也是用这种眼光来衡量人才的。他们不敢使用一个真正有价值的人，光搜集了一帮无用的糊涂虫。"

现代的领导者，应该从这个极富哲理的寓言中获得启迪。

日本企业在选人方面绝对可以说是费尽心机，因为他们懂得选人的要义：只有选得严格，才能用得准确，提高管理能力，从而收到预期的效果。

日本企业的员工，之所以工作起来充满激情，首先就得益于企业选人有道。日本一家拉链厂为了选派一个车间主任，厂领导先后同应聘的十余位候选人交谈，初步选中一个后，又把他放到好几个科室去分阶段试用，试用合格后才最终留下来。美国国际商用机器公司，是世界著名的高效能企业，该公司领导自称花在人事方面的精力比任何方面都多。该公司的销售代表史蒂夫说："我曾与许多大公司负责招聘的人洽谈过，但是没有一家像国际商用机器公司问得那么详细，在他们决定录用我之前，至少有十几个人和我谈过话。"可见该公司选人之严。

日本电产公司在选人时标新立异，充分显示了"严"的手段。

该公司招聘人才主要测试 3 个方面：自信心测试、时间观念测试和工作责任心测试。

自信心测试时，他们让应试者轮流朗读或讲演、打电话。主考官根据其声音大小、谈话风度、语言运用能力来录取。他们认为，只有说话声音洪亮、表达自如、信心百倍的人，才具有工作能力和领导能力。

时间观念测试是看谁比规定的应试时间来得早就录取谁。另外，还要进行"用餐速度考试"。如他们通知面试后选出的60名应试者在同一天到公司进行正式考试，并说公司将于12点请各位吃午饭。考试前一天，主考官先用最快的速度试吃了一碗生米饭和硬巴巴的菜，大约用5分钟吃完，于是商定10分钟内吃完的人为及格。应试者到齐后，12点整主考官向大家宣布："正式考试1点钟在隔壁房间进行，请大家慢慢吃，不必着急。"但应试者中最快的不到3分钟就吃完了。截至预定的10分钟，已有33人吃完饭。公司将这33人全部录取了。后来，他们大都成为公司的优秀人才。

工作责任心测试是让新招的员工先扫一年的厕所，而且打扫时不用抹布刷子，全部用双手。在这个过程中把那些不愿干或敷衍塞责的人淘汰掉，把表里如一、诚实的人留下来。从质量管理角度看，注意把看不到的地方打扫干净的人，不只追求商品的外观和装潢，而且注意人们看不到的内部结构和细微部分，会在提高产品质量上下工夫，养成不出废品的好习惯。这是一个优秀的质量管理者应具备的美德。

日本电产公司正是采用上述奇特的招聘术获得人才，使公司生产的精密马达打入了国际市场，资本和销售额增长了几十倍，获得了巨大的成功。

对人才不能求全责备

赵国有一个人，家中鼠患成灾，于是到中山国去，讨了一只猫回来。这只猫善捕老鼠，却有个爱咬鸡的毛病。过了一段时间，家中的老鼠被捕光了，消除了鼠患，但家中的鸡也被那只猫全咬死了。

于是，儿子问父亲："为什么还不把猫赶走呢？"言外之意是说猫有功也有过。

父亲回答说："这你就不懂了。咱们家最大的祸害在于有老鼠，不在于没有鸡。有了老鼠，它们会偷吃咱们家的粮食，咬坏我们的衣服，弄坏我们房子的墙壁，毁坏我们的家具器皿，我们就得挨饿受冻，不除老鼠怎么行呢？没有鸡，最多不吃鸡肉。赶走了猫，老鼠又来为患，那为什么要赶走猫呢？"

赵国人深知猫的好处远远超过猫所造成的损害，所以不愿赶走猫。日常生活中，确实有像赵国人家的猫那样的人，他们的贡献是主要的，比起他们身上的毛病和他们所做的错事来，要大得多。如果只是盯住别人的缺点和问题不放，怎么去团结人，充分发挥人才的积极性呢？领导者在用人时也应该像这个故事中的赵国人一样，不能求全责备，世上十全十美的人才是没有的。只要一个人的长处能为我所用，其短处不会对事业产生危害，就应该大胆地使用。

某计算机公司的一位女推销员在与客户周旋时总能游刃有余，谈笑风生，可是一接触文字工作就会束手无策，头痛不已。她说："每当我看见表格、文件，比如与客户会谈的报告、费用表时，我会立刻神经紧张。"针对这种情况，公司老板不是强求她去克服缺点，而是再雇一个人来帮助她处理文字工作方面的事宜，使她能将精力全部投入到产品推销方面，她的工作绩效由此提高了一倍。

这个老板无疑是聪明的。如果对这名女推销员弃之不用，肯定是浪费了人才；如果总是强调她改正缺点，就会让她陷入自己不想干、干不好的文字工作中，当她被自己的劣势折磨，就会直接影响到她另一特长的发挥。请一个人来协助她，只需耗资新增销售利润中的一点点，不仅经济总账上是得远大于失，而且还会获得该女推销员的感激与忠诚。

南宋戴复古说："黄金无足色，白璧有微瑕。""金无足赤，人无完人"，世界上没有十全十美的人才，人总难免有短处与缺陷。面对这样的现实，领导者要如何解决，陆贽给出答案——只求能人，不求完人。他是这么说的："人之才行，自昔罕全，苟有所长，必有所短。若录长补短，则天下无不用之人；责短舍长，则天下无不弃之士。"

子思曾向卫王推荐过苟变："他有可以率领五百辆战车的才能，可任命他为军队的统帅。如果得到这个人，就会天下无敌。"卫王却说："我知道他的才能可以成为统帅，但是苟变曾经当过小吏，去老百姓家收赋税时，吃过人家两个鸡蛋，所以这个人不能用。"子思开导卫王说："圣明的人选用人才，就好像高明的木匠选用木材，用它可用的部分，抛开它不可用的部分。现在您处在纷争的时代，要用的是军事将领，不能因为两个鸡蛋就不用能打仗的人才啊！"卫王如梦初醒，马上拜谢说："愿意接受你的指教。"

苟变的故事告诉领导者，不能因为人才有缺点，就放弃使用他的大才干。鲁迅曾拿书与人才作比较："倘要完全的书，天下可读的书怕要绝灭，倘要完全的人，天下配活的人也就有限。"那些明智的领导者正是认识到了这一点，不仅会用人之长，还能容人之短，用人不求全责备。他们看重的是人的才干，而不是缺点，不会因为人才有哪一方面的缺陷就放弃使用。

求贤若渴是领导者责无旁贷的职责，但这并不是要求领导者一定要选用十全十美的人才。领导者选人应该将人才的长处短处都看得清清楚楚，只要这个人的长处能为我所用，短处不会对事业产生危害，那么，这个人就是人才，就要大胆地使用。

不以自己的好恶识别人才

作为一名领导者，对下属的看法，不能以自己的好恶进行识别，来决定其好坏。因为人的兴趣、爱好、性格各有所异，不能只凭自己的爱好，以己之见来断定一个人是否有用。有的领导喜欢感情用事，看到谁的脾气和志趣与己相投，便不再注意这个人的其他方面，就把他当成了人才。这样，往往会出现只有情投意合才被重用，搞自己的"人才小圈子"，而埋没了很多为领导者所"不了解"的人才。这种以个人好恶为标准来识人的做法，早在历史上就受到有识之士的否定。一个领导者，是否坚持公道正派、任人唯贤，是关系到人才命运的大问题。

唐高宗时，大臣卢承庆专门负责对官员进行政绩考核。被考核者中有一名粮草督运官，一次在运粮途中突遇暴风，粮食几乎全被吹光了。卢承庆便给这个运粮官以"监运损粮考中下"的鉴定。谁知这位运粮官没有丝毫担忧的神色，一副无所谓的样子，脚步轻盈地出了官府。卢承庆见此认为这位运粮官很有雅量，马上将他召回，并主动将评语改为"非力所能也"。可是，这位运粮官仍然不喜不愧，也没有一点感谢之意。原来这位运粮官早先在粮库里混日子，对政绩毫不在意，做事本来就松懈涣散，恰好粮草督办缺一名主管，暂时让他做了替补。而遇上这卢承庆又是个感情用事之人，办事、为官没有原则，全凭自己喜好，这二人可谓"志趣、性格相投"。于是，卢承庆大笔一挥，又将评语改成了"宠辱不惊考上"。卢承庆全凭自己的好恶识别人才，便将一名官员的鉴定评语从六等升为一等，实在是随心所欲。

这种以个人爱憎好恶、感情用事的做法，根本不可能反映官员的真实政绩，也失去了公正衡量官员的客观标准，势必产生"爱而不知其恶，憎而遂忘其善"的弊端。这样，最容易使吹牛拍马者围在领导者左右，专拣领导喜欢的事情、话语来迎合领导的趣味和喜好。久而久之，领导者就会凭自己的意志来识别人才，对他有好感的人便委以重任。

在今天，一些企业领导者也喜欢以自己的好恶来识别人才、选拔人才。事实上，一些以自己的好恶标准来识别人才的企业领导者，他们大多心态不正，最根本的原因是他们为人做事没有原则，感情用事，喜欢随心所欲。他们会在不自觉地以志趣、爱好、脾气相投作为识才的唯一尺度。对那些喜欢的、志趣相投的员工，就称赞有佳，即使个人能力平庸，企业上的大事也要让他一起商议决定；对那些不喜欢的，却往往故意刁难，即使有才干他也看不到，更谈不上重用。其实这是一种把个人感情置于企业利益之上的错误做法。从眼前来看，这样做只会使那些有才干的员工伤透了心再黯然离开企业，而留下了那些能力平庸的"顺眼"员工。从长远看，领导以个人的好恶识人，没有客观标准，没有原则性，会导致在处理问题时随心所欲，导致领导流程失去约束性和原则性，致使身边只会围绕那些投其所好的无能之辈，长此下去，势必会令企业内部人心涣散，企业的凝聚力也变得不堪一击。

美国公司的总裁小沃森在他的回忆录中写道："我最擅长毫不犹豫地提拔我不喜欢的人。那种讨人喜欢的助手，喜欢与你一起外出钓鱼的好友，则是你领导中的陷阱。相反，我总是寻找精明能干、爱挑毛病、语言尖刻、几乎令人生厌的人，他们能对你推心置腹。如果你能把这些人安排在你的周围工作，并耐心听取他们的意见，那么，你将取得无限的成就。"

因此，领导者在识别人才时，必须把个人的好恶置之度外，重整体而轻个人，这才是发展之本。

第五章

明确业绩考核标准，
让执行可以量化

anliucheng
zhixing

业绩目标：让员工跳一跳，够得着

大多数人可能都有过打篮球的经历，也都知道与踢足球相比，进一个球要容易很多。这其实与篮球架的高度有关。如果把篮球架做两层楼那样高，进球就不那么容易了。反过来，如果篮球架只有一个普通人那么高，进球倒是容易了，但还有人愿意去玩吗？正是因为篮球架有一个跳一跳就够得着的高度，才使得篮球成为一个世界性的体育项目。它告诉我们，一个"跳一跳，够得着"的目标最有吸引力，对于这样的目标，人们才会以高度的热情去追求。因此，要想调动一个人的积极性，就应该设置一个"跳一跳，够得着"的目标。在企业管理中，领导者要想提高企业绩效，就要好好地利用这些特点和优势，为员工制定一个跳一跳就能够得着的目标。

俄国著名生物学家巴普洛夫在临终前，有人向他请教如何取得成功，他的回答是："要热诚而且慢慢来。"他解释说"慢慢来"有两层含义：一是做自己力所能及的事；二是在做事的过程中不断提高自己。也就是说，既要让人有机会体验到成功的欣慰，不至于望着高不可攀的"果子"而失望，又不要让人毫不费力地轻易摘到"果子"。"跳一跳，够得着"，就是最好的目标。

有这样一个故事：

在很久很久以前，有一位导师带着一群人去远方寻找珍宝。由于路途艰险，他们晓行夜宿，十分辛苦。当走到半途时，大家累得发慌，便七嘴八舌地议论开了，纷纷打起了退堂鼓。导师见众人这样，便暗施法术，在险道上幻化出一座城市，说："大家看，前面是一座大城！过城不远，就是宝藏所在地啦。"众人看到眼前果然有座大城，便又重新鼓起劲头，振奋精神，继续前行。就这样，在导师的苦心诱导下，众人终于历尽千辛万苦，找到了珍宝，满载而归。

作为一名管理者，我们也要学会"化城"的艺术，不断地给员工"化"出一个个看得见而且跳一跳就够得着的目标，引导集体不断前进。

某县一个再生资源公司的经理，在刚上任时，接手的是一个乱摊子，企业连年亏损，员工士气低落。上任伊始，他就给每一个分支机构定了一个力所能及的月度目标，然后在全公司开展"月月赛"。每到月末，他都亲自给优胜部门授奖旗，同时下达下个月的任务。这样一来，全体员工的注意力都被吸引到努力完成当月任务上来了，没有人再去谈论公司的困境，也没人抱怨自己的任务太重。半年下来，全公司竟然扭亏为盈。如今，这家公司已经成为在市内小有名气的先进企业了。

由此可见，在管理工作中，管理者要为员工制定一系列"跳一跳，够得着"的阶段性目标。要是这些都完成了，成功也就不远了！

要员工明白：想要得到最好的，就必须努力争第一

现在，以业绩为导向的绩效管理越来越受到企业组织的重视，并已经成为组织内部管理的主要内容。而绩效管理的核心之一就是激励。可以说，激励效应是提高绩效最有效的方法。人的主动性、积极性提高了，组织和员工会尽力争取内部资源的支持，同时组织和员工技能水平将会逐渐得到提高。因此绩效管理就是通过适当的激励机制激发人的主动性、积极性，激发组织和员工争取内部条件的改善，提升技能水平进而提升个人和组织绩效。作为管理者，就要注重培养员工奋勇争先的意识，要让员工明白：想要得到最好的，就必须努力争第一。我们不妨先看看这个故事：

家庭，是一个人一生中最早接受教育的地方。一位著名心理学家为了研究家庭对人一生的影响，在全美选出了50位在各自的行业中获得了卓越的成就的成功人士和50位有犯罪纪录的人，然后分别给他们写信，请他们谈谈家庭对他们的影响。在回执的信件中，有两封回信给他的印象最深。一封来自白宫的一位著名人士，一封来自监狱一位服刑的犯人。他们谈的都是同一件事：小时候母亲给他们分苹果。

那位来自监狱的犯人在信中这样写道：小时候，有一天妈妈拿来几个红红的苹果，大小各不同。我一眼就看中了一个又红又

大的苹果，十分喜欢，非常想要。这时，妈妈把苹果放在桌上，问我和弟弟："你们想要哪一个？"我刚想说想要最大最红的一个，这时弟弟抢先说出我想说的话。妈妈听了，瞪了他一眼，责备他说："好孩子要学会把好东西让给别人，不能总想着自己。"于是，我灵机一动，连忙改口说："妈妈，我想要那个最小的，把大的留给弟弟吧。"

妈妈听后非常高兴，在我脸上亲了一下，并且把那个又红又大的苹果奖励给我。我得到了我想要的东西，从此以后，我就学会了说谎。再后来，我又学会了打架、偷、抢，为了得到想要得到的东西，我不择手段。到现在，我被送进监狱。

那位来自白宫的著名人士是这样写的：小时候，有一天妈妈拿来几个红红的苹果，大小各不同。我和弟弟都争着要大的，妈妈把那个最大最红的苹果举在手中，对我们说："这个苹果最大最红最好吃，谁都想要得到它。很好，现在，让我们来做个比赛，我把门前草坪分成两块，你们两人一人一块，负责修剪好，谁干得最快最好，谁就有权得到它！"

于是，我们两人比赛除草，结果，我赢了那个最大的苹果。我非常感谢母亲，她让我明白了一个最简单也最重要的道理：想要得到最好的，就必须努力争第一。她一直都是这样教育我们，也是这样做的。在我们家里，你想要什么好东西就必须通过比赛来赢得，这很公平，你想要什么，想要多少，就必须为此付出多少努力和代价！

故事中的道理显而易见，母亲不偏不倚，让孩子通过竞争赢得苹果，不仅能培养孩子正直的人格，还能让他们明白：要想得到最好的，就要学会竞争。企业管理亦是如此。管理者要想让企业形成一种欣欣向荣的景象，就要以业绩为向导，不偏不倚，让员工通过努力竞争证明自己，获得与成绩相匹配的奖励。

重视对员工的绩效评估

公司年终的绩效考评终于结束了，张经理所带领的部门的绩效比王经理带领的部门的绩效差了很多。张经理怎么也想不明白，我的员工同样都是每天工作 8 小时，为什么结果会相差这么多呢？张经理为了解开这个困惑，便主动找到部门王经理取经。

王经理听明张经理的来意后，笑眯眯地从抽屉里拿出一份绩效评估表递给张经理。

王经理说：“我的员工之所以能够取得优异的成绩完全依靠了这份绩效评估表。”

这一席话说得张经理更是一头雾水了，这表能有这么大的作用？看出了张经理的迷惑，王经理接着说：“其实这份表很重要，但更重要的是从这份表中获取的东西。每个月我都会把员工的工作情况详细地记录下来，给予评估，并每月组织员工就这一评估讨论一次。从这每一次的评估和讨论中，员工们有什么工作上的困惑都会得到解答，而且工作方法也能得到改进，更重要的是每个员工之间还能有竞争，谁也不甘落后。通过这一方法，业绩自然提升得很快。"

听完王经理的解惑，张经理也决定在部门中开展绩效评估。3个月后，张经理带领的部门的业绩上涨了30%，虽然没能赶得上部门，但这一成绩已经足以令人刮目相看了。

很多企业忽视对员工的绩效评估，认为这样会打击员工的信心，给员工造成一定的心理负担。然而正是由于企业这种片面的想法，才使企业年终的业绩不容乐观。所以，企业一定要重视对员工的绩效评估。不过，在对员工进行绩效评估的时候还应注意以下几个方面：

1. 评估不能只做表面文章

一些管理者对考核的重要意义没有认识清楚，以为不过是个形式，自己的意见不会起什么作用，打分自然也就不会那样慎重。

另外，中国传统的"好人主义"也严重影响了考核的严肃性和现实意义。有些管理者奉行中庸之道，凡事追求不偏不倚，对员工的评估抱着"差不多就行了"的态度，对所有员工的评估如出一辙。

还有一些企业直接将成功企业的绩效考核办法完全"拿来"为我所用，自以为找到了一个有效的管理"武器"，但在实际操作中却走了样，无法起到应有的作用，从而造成绩效考核走过场，流于形式。

这些只做表面文章的考核对企业来说没有任何实质性的作用，绩效评估不能为了评估而评估。评估是手段，不是目的，如果评估不能激发员工潜力，不能成为推动员工发展以及推动公司成长的驱动力，那就失去了其存在的意义。

因此，管理者在对员工进行评估的时候，不要只做表面文章，在评估过程中，要秉承严肃、认真的态度，只有这样才能真实反映公司员工的情况。否则，一个连真实情况都搞不明白，连员工在工作中有哪些问题都看不出来的管理者，又如何能带领员工创造更高的业绩呢？

2. 随时对员工的工作进行评估

许多管理者平时对员工们的表现不作任何评价，只是在年终回顾绩效的时候才进行绩效评估，这种毫无预警的评价要么就毫无作用，不能让大家从讨论中获得任何益处；要么会让员工感到不满。

要避免这种情况，管理者最好随时对员工的工作进行评估。正如杰克·韦尔奇所说："作出评价对我来说无时不在，就像呼吸一样。在管理中，没有什么比这更重要。我随时都要作出评价——不论是在分配股份红利的时候，还是在提升谁的时候——甚至在走廊里碰到某个人的时候。"

随时对员工的绩效进行评估，这样员工既有足够的机会改善工作中不足的地方，管理者又可以顺便和员工讨论一下员工对绩效的努力目标，还能使员工在年终绩效评估时，不至于对结果感到意外，甚至怨气满天飞。

通过经常性的绩效评估，员工可以常常纠正自己工作中的缺点和不足之处，这是提高员工业绩的有力保障。

3. 不要过分重视员工是否满意

管理者在评估的时候往往神经比较"脆弱"，员工一旦有所不满就忐忑不安。虽然奖惩不是考核的目的，但是绩效评估结果的运用往往会触及部分员工的利益，没有人钱袋子瘪了还能开怀大笑，这时员工有所不满也属正常。这时，管理者应该做的就是要弄明白员工的不满到底来自哪个方面，是自己的工作没做好，还是其他的原因？而不是一味地重视员工满不满意。只一味地重视员工的满意度，就表示管理者只是一味地承认员工的成绩而忽略员工工作中的不足，在这种一味肯定成绩的企业，员工的业绩是不会得到提升的。

考核一定要实事求是

先讲一个曾在名古屋商工会议所发生的真实故事：

日本西铁百货公司社长长尾芳郎，把自己特别欣赏的一个朋友介绍给名古屋商工会议所，因为该所急需一名管理分部的主任。

名古屋商工会议所主席土川元夫和这个人面谈后，立即告诉长尾芳郎说："你介绍来的这个朋友不是个人才，我很难留他。"

长尾芳郎听完以后非常吃惊，接着便有点生气地说："你仅仅和他谈了20分钟的话，怎么就知道他不能被留任呢？这种判断太草率，也太武断了吧！"

土川元夫解释说："你的这个朋友刚和我见面，自己就滔滔不绝地说个没完，根本就不让我插嘴。而我说话的时候，他似听非听，满不在乎，这是他的第一个缺点。其次，他非常乐意宣传他的人事背景，说某某达官贵人是他要好的朋友，另一个名人是他的酒友等，向我表白炫耀，似乎故意让我知道，他不是一个一般人。第三，在谈业务发展时，他根本说不出来什么东西，只是跟我瞎扯。你说，这种人怎么能共事呢？"长尾芳郎听完土川的话后，也不得不承认土川的分析很有道理。

就这样，土川元夫没有顾及老朋友的情面，拒绝了他的推荐。后来，经过努力寻找，土川元夫终于找到了一个真正有才能的人。

这个故事中，土川元夫无疑给我们做了一个榜样——管理者在对员工进行考核时，一定要实事求是，行就是行，不行就是不行，绝对不能存有任何的私心偏念，否则，只会给企业带来损失。

赵靓从学校毕业后，应聘到某公司策划部。赵靓属于那种聪明好学，刻苦钻研，能力又非常强的人，因此很快就适应了工作。在做好自己本职工作的同时，她还经常向主管提出一些富有创意的想法。

但是，赵靓的主管并没有因此而赏识她；相反，却十分妒忌她的才能。在工作中，处处压制她，总是抓住她的一些小毛病不放。

两年过去了，当初和赵靓一起进公司而且能力不如她的同事，一个个都升了职，加了薪，而她却还是一个普通员工。无奈之下，赵靓只好辞职去了另一家广告公司。在那里，她得到了经理的重视，并且很快就能独当一面了。

正是由于赵靓的出色表现，这家广告公司的业务越做越大，和许多企业都建立了合作关系，这其中有相当一部分是赵靓原来公司的客户。后来，原来公司老总知道了这件事，一怒之下，辞退了那个"妒贤嫉能"的主管。但是，公司由于失掉赵靓这个人才而遭到的损失却是无法弥补的。

对员工的工作进行考核是管理者应尽的职责，更是一项挑战。如果管理者能够实事求是地做好这项工作，那么对企业、管理者及员工都有利，可以达到"共赢"的效果，反之，则对各方都不利。那么，管理者怎样才能做到实事求是呢？

1. 避免光环效应

当某人拥有一个显著的优点时，人们总会误以为他在其他方面也有同样的优点。这就是光环效应。在考核中也是如此。如：某员工工作非常积极主动，管理者可能会认为他的工作业绩也一定非常优秀，从而给他较高的评价，但实际情况也许并非如此，因为积极主动并不等于工作业绩。

所以，在进行考核时，管理者应将所有被考核员工的同一项考核内容进行考核，而不要以人为单位进行考核，这样就可以有效防止光环效应。

2. 避免感情用事

人是有感情的，而且不可避免地会把感情带入他所从事的任何一项活动中，绩效考核也不例外。管理者喜欢或不喜欢（熟悉或不熟悉）被考核员工，都会对被考核员工的考核结果产生影响。人们往往有给自己喜欢（或熟悉）的人较高的评价，对自己不喜欢（或不熟悉）的人给予较低评价的倾向。

针对这种情况，管理者可以采取集体评价的方法，去掉最高分和最低分，取其平均分，避免一对一的考核。

3. 避免近因误导

一般来说，人们对最近发生的事情记忆深刻，而对以前发生的事情印象浅显，管理者对被考核员工某一阶段的工作绩效进行考核时，往往会只注重近期的表现和成绩，以近期印象来代替被考核员工在整个考核期的绩效表现情况，因而造成考核误差。如：被考核员工在一年中的前半年工作马马虎虎，等到最后几个月才开始表现较好，但却能得到较好的评价。

管理者要避免近因的误导就要明白，绩效考核应贯穿于管理者和员工的每一天，而不是考核期的最后一段时间。管理者必须注意作好考核记录，在进行正式考核时，参考平时考核记录方能得出较客观、全面、准确的考核结果。

4. 避免自我比较

管理者往往会不自觉地将被考核员工与自己比较，以自己作为衡量他们能力的标准，这样就会产生自我比较误差。若管理者是一位完善主义者，他就有可能会放大被考核员工的缺点，给被考核员工较低的评价；若管理者有某种缺点，则无法看出被考核员工也有同样的缺点。

这就要求管理者将考核内容与考核标准细化、明确，并要求管理者严格按照考核的原则和操作方法进行考核。

用统一的"尺子"衡量员工

这个故事发生在很久以前。

有一个很有智慧的国王，名叫"镜面"。

有一天，国王让盲人去摸象的身体：有摸着象脚的，有摸着象尾的，有摸着象头的……

国王便问他们："你们看见了象没有？"盲人们争着说："我们都看见了！"国王又问："那么你们所看见的象是怎样的呢？"

摸着象腿的盲人说："王啊！象好像柱子一样。"

摸着象尾的说："不，它像扫帚！"

摸着象腹的说："像鼓呀！"

摸着象背的说："你们都错了！它像一个高高的茶几才对！"

摸着象耳的盲人争着说："像簸箕。"

摸着象头的说:"谁说像簸箕?它明明像一只笆斗呀!"

摸着象牙的盲人说:"王啊!象实在和角一样,尖尖的。"

……

因为他们生来从没有看见过象是什么样的动物,难怪他们所摸到的、想到的都错了。但是他们还是各执一词,在王的面前争论不休。

于是,镜面王哈哈大笑,说:"盲人呀,盲人!你们又何必争论是非呢?你们仅仅看到了一点,就认为自己是对的吗?唉!你们没有看见过象的全身,自以为是得到了象的全貌。"

这个故事就好比有些管理者在对某一员工进行评价的时候,以不同的标准来衡量,就会有不同的看法。如果管理者以人品来判断甲员工,以业绩来判断乙员工,又以勤劳度来判断丙员工,那他将很难得到统一的答案,也就很难判断某一员工是不是真的适合企业发展的需要。所以,要想准确地考核一个员工,就应该用统一的"尺子"衡量。

一些著名的管理专家认为,一个统一的"尺子"应该具备以下特点:战略一致性、信度高、明确性、可接受性。

1."尺子"的战略一致性

战略一致性是指考核的标准,即"尺子"是否与企业的战略、目标和文化一致。如果某公司是一家服务业公司,那么它的考核标准就应该是对其员工向公司客户提供服务的好坏程度进行评价。战略一致性同时也强调考核标准为员工提供一种引导,使员工能够为企业的成功作出贡献。

2."尺子"的信度要高

信度的一种重要类型是评价者信度：即对员工的绩效进行评价的管理者之间的一致性程度，也就是甲管理者和乙管理者对员工评价的一致性程度。如果两个管理者对同一员工的工作绩效所作出的评价结果是一样的（或接近一样的），那么这种考核标准就具有了评价者信度。此外，对绩效的衡量还应当具有时间上的信度，即在不同时间对同一员工进行考核却得出截然不同的结果，那么这种考核标准就缺乏信度。

3."尺子"的明确性

明确性对于绩效管理的战略目的和开发目的有着很重要的影响。明确性是指"尺子"，即考核标准能够为员工提供一种明确的指导，告诉他们公司对他们的期望是什么，以及如何才能达到这些期望。如果一个考核标准没能明确地告诉员工，他们必须做些什么才能帮助公司实现战略目标，那么这一标准就很难达到其战略目的。此外，如果这一标准没能指出在员工绩效中所存在的问题，那么要想让员工去改善他的绩效就几乎成了空谈。

4."尺子"的可接受性

可接受性是指运用"尺子"，即考核标准的人是否能够接受它。许多经过精心设计的考核标准具有极高的一致性，但是由于这些标准要耗费管理者们太多的时间，因此他们拒绝使用这些标准。此外，那些要接受评价的人也可能会拒绝接受这种考核标准。如果员工认为某种考核标准很公平，那么它的可接受性就比较大。一个统一的考核标准的制定必须把管理者或者员工的可接受性放在重要的位置。

不以成败论"英雄"

一般来说，在一个企业中，那些工作表现好、业绩出色的员工往往容易受到管理者的偏爱，而对于那些有失败、过失记录的员工来说，他们会在管理者心中多少留有一些偏见。管理者的不良心态，对组织人际关系是非常有害的。它会导致员工不满情绪的产生，甚至是员工内部的对立，从而打破了企业内原有的和谐的人际关系，

最终可能会导致两极分化，而且管理者也许会成为企业中"众说纷纭"的人物。

常言道：胜败乃兵家常事。没有胜负的企业竞争是纯理论的。因此，容许员工有胜负，是希望员工能"负负得正"，走向更大的胜利。这是企业领导的用人责任！

对于管理者来说，员工业绩的取得，是一件喜事，也是值得管理者为之骄傲的。但这种骄傲一定要放在企业这个大家庭的基础之上，而不能滋生一种强烈的个人偏好和憎恶情绪。

你对取得一定成绩的某个员工的偏爱，虽然是在很大程度上

给了他信心与继续挑战困难的勇气，或许随之而来的还有更多的获得工作业绩的机会。但是企业是属于公司里每个成员的，每个人都应该享受同等的权利与待遇。你对某个员工的偏爱，就会让其他的员工为你们的这种亲密关系不知所措，一个个问号随之而来，在脑海中肯定了又否定，否定了又肯定。经过一段时间的折腾之后，他们与你和你所喜爱的那位员工的距离便渐行渐远。

由于待遇的不平等，机会享受的不公正，组织关系就会变得紧张，他们就会对工作产生抵触情绪，从而会使你的判断力大打折扣。如此下去，公司就仿佛变成了四分五裂的一盘散沙，企业的这股绳上结出了许多解不开的"死疙瘩"！

管理者对业绩不太出众或犯过错误的员工的成见和对业绩好的员工的偏爱一样，无论是对工作，还是对组织的人际关系的和谐与发展都是有害的。

古人云："人非圣贤，孰能无过？"错误固然是不可原谅的，但管理者却不能从此以后就给某位员工下"他只会犯错误"或"他根本无法办好此事"的结论。

犯了错误的员工通常都有自知之明，他们在对自己的行为检讨的同时也是懊恼不已。这时管理者对他的斥责只能使他的信心再受一次打击，甚至有了"破罐子破摔"的想法。也许他本来是个很有才华的人，却因为管理者无意中的评价给扼杀了，这显然是企业安定团结的一种巨大的潜在危险。

人们常说，一个失败者的出路有两条，一是成为更辉煌的成功者；二是成为出色的批评家。不可否认，失败是教训的拥有者，管理者如果能给他们一个成功的机会，他们就会将这些教训转化为成功的财富。所以，管理者请消除你心中的成见吧，别再对员工的几次失败耿耿于怀，再给他们一次机会。坐下来，与他们恳谈，帮助他们分析犯错误的原因，找到症结，恢复他们的自信心，在你的言谈举止中充分表现出你对他们的信赖。只要他们走出消极的误区，一样能为企业创造佳绩。

作为一个管理人员，你应该懂得，员工工作的好坏与他是否犯过错误，是否有过失败的经历并没有关系。失败和过失都是暂时的，不代表他一生都这样。你的任务是客观、正确地评价员工在各个阶段的工作业绩，并不断地使其能力得以提高。

如何收集考核的信息

考核是对员工业绩进行评价的主要手段。那么，管理者依据什么对员工进行考核呢？是考核信息。

假如，一名主管要对某一员工进行考核，但他却没有任何关于该员工的信息，即他对该员工平时的表现、跟同事的人际关系、对工作的投入度以及对公司的忠诚度都没有一个准确的认知，那么，他将无法准确判断该员工是否是一个好员工、是否适合公司的需要、是否能为公司的发展作出贡献。

也有一些管理者对员工的考核信息掌握不全面,常常以为自己看到的就是该员工的真实情况。在考核的时候,又往往忽略其他员工对该员工的看法,于是,对该员工做出了不符合事实的考核结果。这样做不仅得不到一个真正意义上的好员工,还有可能造成其他员工的怨言,对企业的凝聚力产生一定的影响,最终影响企业的发展。

那么,管理者应该如何收集考评信息,才能保证信息的全面呢?管理者可以通过以下三种方法对员工信息进行收集:

1. 资料统计法

这种方法是对员工的各种资料进行收集,是各种信息的主要来源,比如,工作记录、考勤记录等。这些信息主要分散在公司的各个职能部门,需要管理者进行人工收集和整理,通过这种信息的收集,管理者可以了解员工在日常工作中的表现。

2. 客户调查法

这种方法是通过企业有意识地对客户进行调查,来获取客户意见的一种方法。常用的调查方法有电话调查,填写调查问卷等。无论何种调查方法,对问题的设计都需要具有一定的技巧。只有那些经过精心设计并不断被完善的调查,才能获取到对管理者真正有价值的信息,同时还不会引起客户的厌烦。

3. 多向沟通法

这种方法是管理者与上下级或员工本人之间所进行的信息交

流，可以分为横向沟通和纵向沟通两大类：横向沟通是来自平级同事之间的信息交流；纵向沟通是加强公司上下级与员工本人之间的信息交流。

（1）来自上级自上而下的反馈。

上级是最经常被作为绩效信息来源的人。人们通常认为管理者对于下属所从事的工作的要求具有全面的了解，并且他们有充分的机会对员工进行观察。也就是说，上级管理者有能力对他们的员工作出评价。一般来说，从上级那里收集到的主要是关于员工工作业绩的信息。

（2）来自下属的自下而上的反馈。

在对管理者进行评价的时候，员工是一种特别有价值的绩效信息来源。员工往往是最有权力来评价上级管理者是如何对待他们的。

（3）来自本人的反馈。

自我评价作为绩效评价信息的一个来源是很有价值的。员工是最有机会对自己的工作行为进行观察的人，而且他们通常也能够获得与他们的工作结果有关的信息。

但这种评价方法容易导致个人夸大对自己所作出的绩效评价，使评估有失偏颇。

（4）来自平级同事的反馈。

绩效信息的另外一个来源是被评价员工的同事。如果管理者无法有足够的机会观察员工的行为，那么，被评价员工的同事就是一个很好的绩效信息来源。被评价员工的同事不仅通晓工作的要求，而且也是和该员工最接近、最有机会观察该员工日常工作活动的人，他的评价较为客观。

要让三个和尚有水喝

人们经常说：一个和尚挑水喝，两个和尚抬水喝，三个和尚没水喝。有人说这是因为他们太懒惰了，才导致他们没水喝。其实并不是这么回事。首先可以肯定的是，这三个和尚并不懒惰，而是很勤快的，因为一个和尚可以挑水吃，两个和尚可以抬水吃，他们既然能够抬水，甚至能够挑水，就说明他们并不懒惰。但是三个和尚在一起，力量变大了，反而没水喝了，这是何道理呢？这是因为他们之间缺乏有效的合作与管理的缘故。

三个和尚没水喝，是因为他们没有制定明确的责任分工，导致了他们中间该由谁提水的不明确性，以至于他们认为反正别人肯定要喝水，因此他们肯定会去提水，而自己可以坐享其成，结果，他们谁也没喝到水。同时，由于缺乏有效的沟通，他们产生了一种"吃亏"的担心，即如果自己去提水了，那么他们会不会就不去提水了？而且，他们之间也没有进行良好的内部合作，即我们所说的团队合作精神，以至于三个和尚的力量加到一起不但没有得到增强，反而减小了，产生了 1+1+1 < 1 的效果。还有一

种可能就是水源离他们的住所太远，道路行走不便，困难加上担心吃亏的心理使他们把责任推给了对方。

要让三个和尚有水喝，应当制定明确的管理方案，即对这三个和尚进行有效的人力资源管理。如果方案进行顺利的话，不但三个和尚有水喝，而且还可以产生 1+1+1 ＞ 3 的效果。那么，该如何制定明确的方案，建立合理的体制呢？

将需要做的事情全部列举出来。如挑水、洗衣服、砍柴、做饭、扫地、接待客人、念经等，然后，规定值日流程，规定每人多长时间轮换一次挑水。这相当于进行目标管理。

规定每天必须挑水多少担。为了防止有人在挑水时投机取巧（比如说，用比原来更小的桶去挑水，或者每次只挑半担水），要对水桶的大小作出规定，并且为了在检查时不会发生争议，必须规定水桶中的水离桶沿最多不能超过多少厘米。（或者，也可以对这些不做规定，只要求满足当天的用水需求，但是，这样又可能出现另外的问题：如有人可能大量地浪费水……）这相当于作工作分析，写工作说明书。

用互锁的原理交叉地对所做的工作按照规定进行检查。这相当于进行绩效考核。

制定奖惩流程。对工作表现优秀者，可以提前去学武功。这相当于薪酬福利。

根据多次考核结果，实行奖惩。这相当于竞争淘汰。

如此一来，三个和尚有水喝就不是什么不可实现的任务了！

务必做好反馈工作

许多管理者都明白反馈的重要性，但是在实际工作中却很少有人能有效地执行。究其根源，是因为他们常常不知道该如何将考核结果有效地反馈给员工，因为在反馈过程中，员工很容易产生自我防卫的反抗情绪，甚至会与上司争辩，不仅不能达到预期的目标，还会影响双方的关系，从而导致绩效评估工作只能发挥"监督业绩达成程度的作用"，而忽略了"使员工得到成长和发展的作用"。

事实上，反馈是一种向员工传输别人对其评价的一种机制，向员工提供了评估其行为的机会，使他们可以考虑是否改变其行为，及对行为改变产生的结果进行反思，这样，双方都能从反馈的信息中受益。

反馈是绩效评估的最后一个环节，也是企业能否取得预期结果的一个关键环节。由于性格特征、文化背景、成长经历、智力水平、自我防卫机制、认知的需求和式样，以及成长的背景不同，在以同样的方式反馈得出相同评估结果面前，员工的反应各不相同。因此，为了达到积极的效果，在进行反馈之前，管理者有必要对员工进行研究，针对不同的员工，确定不同的反馈方式。

对员工的研究包括以下几个方面：

1. 与员工交往

在日常工作中，管理者要尽量亲近员工，与员工有更深层次的接触，增加了解员工的机会。通过这种直接交往，管理者能更加深入地了解员工，认识员工。

2. 观察员工

管理者要加强对员工的观察，通过对其行为举止、言谈习惯、在工作中的表现以及与其他员工之间的交往来确定其性格特征。

3. 间接了解员工

由于管理者很难从正面完全掌握员工的一些性格细节，因此管理者可以通过其他渠道增加对该员工的了解。比如，通过其他员工对该员工的评价、公司领导层对该员工的看法间接地获取该员工的信息，进一步加深对该员工的了解。

有了这些资料以后，再结合员工的文化背景、成长经历，以及成长环境，就可以深入了解员工了，知道他喜欢什么、讨厌什么、忌讳什么、有什么样的东西可以接受、对什么样的反馈方式不能接受。

当管理者对员工充分了解之后，接下来管理者要做的就是反馈方法的选择和运用了。反馈的过程实际也是一个沟通的过程。因此在反馈时可以采用正式反馈，也可以采用非正式反馈，即正式沟通方式或非正式的沟通方式。

1. 正式反馈

包括面谈式反馈、集体讨论式反馈和网络电子信函式反馈，其中以面谈式反馈为主。

管理者在运用正式反馈的时候应注意以下几点：

（1）尽量少批评。

显然，如果一位员工的绩效低于规定的标准，那么必然要对其进行某种批评。然而，一位有效的管理者则应当尽量减少批评。因为当一位员工面对个人所存在的绩效问题时，他往往是同意自己应当在某些方面有所变化的。所以如果这时管理者仍然再三地举出其绩效不良的例子来，那么无疑会令员工产生一种防卫心理。

（2）通过赞扬肯定员工的有效业绩。

反馈就是要帮员工找出他在工作中存在哪些需要改进的问题。当然，这并不是说，管理者就要时时把焦点放在员工所存在的问题上。事实上，绩效反馈就包括查找不良绩效，但更重要的是对员工有效业绩的认可。赞扬员工的有效业绩会有助于强化员工的相应行为。此外，它还可以向员工传达一个讯息，那就是管理者并不仅仅是在寻找员工绩效的不足。

（3）管理者要注意自己的表达方式。

管理者在进行负面反馈时，需要注意自己的表达方式，应避免给员工造成不必要的心理负担。举个例子来说，如果管理者这样对员工说："你把事情搞得一团糟，你根本就没有用心去做！"那么就必然会导致员工产生抵触心理和强烈的反感，相反，如果管理者对员工说："你之所以没能够按时完成这个项目，是因为你在其他项目上花得时间太多了。"结果可能好会好很多了。

（4）把重点放在解决问题上。

许多管理者在绩效反馈方面常会犯一个很"简单"的错误，那就是不就事论事。他们常喜欢在绩效反馈时对绩效不良的员工进行惩罚，因而导致在向员工传达信息的时候，总是反复强调他们的业绩是如何糟糕，应该受到怎样的惩罚。管理者的这种做法不仅不能令员工改善绩效，还会伤害员工的自尊，强化他们的抵触情绪。

2. 非正式反馈

对于一些特殊的员工，管理者仅仅通过正式反馈方式是很难达到既定的目的的。这时就需要管理者采用一些非正式的反馈方式，比如，可以请员工在休息的时间吃顿饭，在饭桌上和员工谈谈，也可以在休闲场所和员工闲聊等等。由于采用的是朋友式的关心，而且也少了办公室中紧张压抑气氛的干扰，员工比较容易接受，也能心平气和地和管理者沟通。

另外，在对员工进行反馈的时候，还有一个管理者不能忽视的重要程序，那就是鼓励员工诉怨。由于不同的管理者对某项评估指标在认识上的差异，可能导致员工不能接受评估结果，进而产生不满情绪。这种情况，鼓励员工诉怨就成了缓解员工不满情绪的最佳方法。企业可以建立一个诉怨中心或诉怨办公室，鼓励员工去诉怨，并在这个过程中解决问题。良好的交流和诉怨是反馈的工具，是实现反馈目的的手段。管理者通过这种互动式的交流可以最大限度地实现反馈，使绩效评估工作圆满完成。

第六章
用激励机制激发执行力，让员工自己奔跑

anliucheng
zhixing

建立完善有效的激励机制

强化工作动机可以改善工作绩效，诱发出员工的工作热情与努力。这里强调的是管理者所做的一切努力只是一个诱发的过程，能真正激励员工的还是他们自己。

要想冲破员工们内心深处这道反锁的门，你必须要好好地谋划一番，为你的激励建立一个有效的机制。那么，一个有效的激励机制应该具备哪些特征，符合什么样的原则呢？

（1）简明。激励机制的规则必须简明扼要，且容易被解释、理解和把握。

（2）具体。仅仅说"多干点"或者说"别出事故"是根本不够的，员工们需要准确地知道上司到底希望他们做什么。

（3）可以实现。每一个员工都应该有一个合理的机会去赢得某些他们希望得到的东西。

（4）可估量。可估量的目标是制订激励计划的基础，如果具体的成就不能与所花费用联系起来，计划资金就会白白浪费。

一个高效激励机制的建立，企业的管理者需要从企业自身的情况，以及员工的精神需求、物质需求等多方面综合考虑，更新管理观念与思路，制定行之有效的激励措施和激励手段。具体来说，应该做到以下几点：

1. 物质激励要和精神激励相结合

管理者在制定激励机制时，不仅要考虑到物质激励，同时也要考虑到精神激励。物质激励是指通过物质刺激的手段来鼓励员工工作。它的主要表现形式有发放工资、奖金、津贴、福利等。精神激励包括口头称赞、书面表扬、荣誉称号、勋章……

在实际工作中，一些管理者认为有钱才会有干劲，有实惠才能有热情，精神激励是水中月、镜中影，好看却不中用。因此，他们从来不重视精神激励。事实上，人类不但有物质上的需要，更有精神方面的需要，如果只给予员工物质激励，往往不能达到预期的效果，甚至还会产生不良影响，美国管理学家皮特就曾指出："重赏会带来副作用，因为高额的奖金会使大家彼此封锁消息，影响工作的正常开展，整个社会的风气就不会正。"因此，管理者必须把物质激励和精神激励结合起来才能真正地调动广大员工的积极性。

2. 建立和实施多渠道、多层次的激励机制

激励机制是一个永远开放的系统，要随着时代、环境、市场形式的变化而不断变化。因此，管理者要建立多层次的激励机制。

多层次激励机制的实施是联想公司创造奇迹的一个秘方。联想公司在不同时期有不同的激励机制，对于 20 世纪 80 年代的第一代联想人，公司主要注重培养他们的集体主义精神和满足他们

的物质需求；而进入 90 年代以后，新一代的联想人对物质要求更为强烈，并有很强的自我意识，基于这种特点，联想公司制定了新的、合理的、有效的激励方案，那就是多一点空间、多一点办法，制定多种激励方式。例如让有突出业绩的业务人员和销售人员的工资和奖金比他们的上司还高许多，这样就使他们能安心现有的工作。联想集团始终认为只有一条激励跑道一定会拥挤不堪，一定要设置多条跑道，采取灵活多样的激励手段，这样才能最大限度地激发员工的工作激情。

3. 充分考虑员工的个体差异，实行差别激励的原则

企业要根据不同的类型和特点制定激励机制，而且在制定激励机制时一定要考虑到个体差异：例如女性员工相对而言对报酬更为看重，而男性员工则更注重提升能力、得到升迁；在年龄方面也有差异，一般 20~30 岁之间的员工自主意识比较强，对工作条件等各方面要求比较高，而 31~45 岁之间的员工则因为家庭等原因比较安于现状，相对而言比较稳定；在文化方面，有较高学历的人一般更注重自我价值的实现，他们更看重的是精神方面的满足，例如工作环境、工作兴趣、工作条件等。而学历相对较低的人则首先注重的是基本需求的满足；在职务方面，管理人员和一般员工之间的需求也有不同。因此企业在制定激励机制时一定要考虑到企业的特点和员工的个体差异，这样才能收到最大的激励效力。

4. 管理者的行为是影响激励机制成败的一个重要因素

管理者的行为对激励机制的成败至关重要，首先，管理者

要做到自身廉洁，不要因为自己多拿多占而对员工产生负面影响；其次，要做到公正不偏，不任人唯亲；再次，管理者要经常与员工进行沟通，尊重支持员工，对员工所作出的成绩要尽量表扬，在企业中建立以人为本的管理思想，为员工创造良好的工作环境。此外，管理者要为员工作出榜样，通过展示自己的工作技术、管理艺术、办事能力和良好的职业意识，培养下属对自己的尊敬，从而增加企业的凝聚力。

建立有效的、完善的激励机制，除了做到以上几点之外，还要注意两方面的问题：

（1）要认真贯彻实施，避免激励机制流于书面。

很多管理者没有真正认识到激励机制是其发展必不可少的动力源，他们往往把激励机制的建立"写在纸上，挂在墙上，说在嘴上"，实施起来多以"研究，研究，再研究"将之浮在空中，最终让激励机制成为一纸空文，没有发挥任何效果。管理者一定要避免这种情况的发生，将激励机制认真贯彻实施。

（2）要抛弃一劳永逸的心态。

企业的激励机制一旦建立，且在初期运行良好，管理者就可能固化这种机制，而不考虑周围环境的变化和企业的变化，这往往会导致机制落后，而难以产生功效。管理者应该根据时代的发展、环境的变化不断改革创新激励机制。

人才是企业生存与发展的关键，如何在企业有限的人力资本中调动他们的积极性、主动性和创造性，有效的激励机制是必不可少的。因此，管理者一定要重视对员工的激励，根据实际情况，综合运用多种方式，把激励的手段和目的结合起来，改变思维模式，真正建立起适应企业特色、时代特点和员工需求的有效的激励机制，使企业在激烈的市场竞争中立于不败之地。

最有效的13条激励法则

员工是企业生存与发展的基石，企业要发展，就必须依赖员工的努力。因此，激励员工发挥所长，贡献其心力，是管理者的首要责任。

以下介绍13种激励法则，帮助员工建立信任感，激励员工士气，使员工超越巅峰，发挥他们的创造力、热情，全力以赴地工作：

（1）不要用命令的口气。好的管理者很少发号施令，他们都以劝说、奖励等方式让员工了解任务的要求，并去执行，尽量避免直接命令，如"你去做……"等。

（2）授权任务而非"倾倒"工作。"授权"是管理的必要技巧之一。如果你将一大堆工作全部塞给员工去做，便是"倾倒"，这样员工会认为你滥用职权；而授权任务则是依照员工能力派任工作，使他们得以发挥所长，圆满地完成。

（3）让员工自己作决定。员工需要对工作拥有支配权，如果他们凡事都需等候上司的决策，那么他们就容易产生无力感，失去激情。不过员工通常并不熟悉作决定的技巧，因此管理者应该告诉员工，不同的做法会有哪些影响，然后从中选择。

（4）为员工设立目标。设立目标比其他管理技能更能有效改善员工表现，不过这些目标必须十分明确，而且是可以达到的。

（5）给予员工升迁的希望。如果公司缺乏升迁机会，管理者最好尽量改变这种情况，因为人如果有升迁的希望，可激励他努力工作。假如你不希望以升迁机会提高人事成本，起码也要提供一些奖励办法。

（6）倾听员工的意见，让他们感觉受到重视。尽可能每周安排一次与员工聚会，时间不用很长，但是借此机会员工可以表达他们的想法与意见，而管理者则应用心记录谈话内容，以便采取行动。

当然，你未必同意每位员工的要求，但你不妨用心倾听，因为员工会因为你的关心而努力工作，表现更好。

（7）信守诺言。好的管理者永远记得自己的承诺，并会采取适当行动。如果你答应员工去做某些事，却又没有办到，那将损失员工对你的信赖。

因此，你不妨经常携带笔记本，将对方的要求或自己的承诺写下来，如果短期内无法兑现，最好让员工知道，你已着手去做，以及所遇到的困难。

（8）不要朝令夕改。员工工作需要连贯性，他们希望你不要朝令夕改，因此如果政策改变，最好尽快通知，否则员工会觉得无所适从。

（9）及时奖励员工。每当员工圆满完成工作时，立刻予以奖励或赞美，往往比日后的调薪效果好。赞美与惩罚比例，应该是4：1。

（10）预防胜于治疗，建立监督体系。每天检视公司动态与员工工作进度，以便在出现大问题以前，预先了解错误，防患于未然。

（11）避免轻率地下判断。如果管理者希望员工能依照自己的方法工作，必然会大失所望。因为，每个人处理事情的方式不同，你的方法未必是唯一正确。所以，最好避免轻率地断言员工犯错误，否则会影响对他们的信任感，甚至作出错误的决策。

（12）心平气和地批评。批评也是激励的一种方式，然而批评必须掌握方法，激烈的批评只会让员工感染到你的怒气，并产生反抗情绪，只有心平气和的批评才能让员工了解自己的失误，并感受到你对他的期待，才能对员工产生激励的效果。

（13）激励员工办公室友谊。让员工们在工作中有机会交谈，和谐相处。因为许多人愿意留在一个单位工作，是他们喜欢这个环境与同事。因此，不妨经常办些聚会，增进员工间的感情。员工们在人和的气氛下工作，必然会更有创造力，更有活力。

靠"竞赛机制"说话

在管理员工时，适当运用"竞赛机制"，可以调动员工的积极性。毕竟每个人都希望自己的价值能得到大家的肯定，而竞赛这种机制给员工提供了一个可靠的平台，在这个平台上，任何一个员工，只要他有能力，都可以得到相应的奖励，同时大家的尊重和敬佩还会强化其工作成就感。竞赛透明度越高，员工的公平公正感就越强，所受到的激励也就越强。

对于管理者来说，使用竞赛这种机制，不但可以调动员工的情绪，还可以解决一些平时想解决的发展"瓶颈"问题。

2008 年底，深圳某公司受金融危机影响，在 9 ～ 12 月生产任务不足，工人们若不减员就得减薪。公司董事长一筹莫展，裁员和减薪都是他不愿意走的路，怎么办呢？最后，他决定开办一场节能降耗的劳动竞赛。竞赛举办期间，生产成本骤降。董事长又决定改革劳动竞赛的形式和竞赛奖金发放办法，将劳动竞赛纳入行政管理中，竞赛奖金半个月一发放。这一劳动竞赛机制不仅解决了企业面临的问题，推动了企业发展，也为一线职工增加了收入，可谓一举多得。

竞赛机制的作用由此可见一斑。但并不是所有的竞赛都能起到激励作用，这就要看管理者制定的竞赛条件如何。那么，作为一名管理者，应该如何制定一种合理的竞赛规则呢？

（1）竞赛要得到大多数下属的认同。

竞赛要能体现组织目标与个人目标的统一，使下属真正从思想上接受，从而激励他们为达到目标的要求而努力奋斗。因此，竞赛条件要交给下属去讨论，使之得到大多数人的认同。

（2）竞赛条件要具有可比性，参与竞赛的人的条件应大致相同，这样才能反映出各自的努力程度，才能起到激励作用。

在体育竞赛里，举重比赛按参赛运动员的体重不同来分级，女子为7个级别：48公斤级、53公斤级、58公斤级、63公斤级、69公斤级、75公斤级、75公斤以上级等几个级别。同样，组织里的竞赛机制也需要在一定的级别内进行比较，以免让下属觉得不公平而不愿意参加。比如，没有任何经验的新员工如果被安排与经验丰富的老员工一起竞赛，那么就有失公平。

（3）竞赛条件要定得适当合理，使人们通过一定的努力就可以达到。

竞赛要符合以下条件：每一位有能力的人都可以奖励，即使暂时没有能力的人，只要通过努力同样可以得到相应的奖励。这样，所有的人都会信任这样的竞争，而不会心里有不平衡的感觉，不会抱怨"不给我机会，却怪我没有本事"。

为了满足这个条件，管理者可以适当多开展一些竞赛活动，因为每个能够进入组织的人肯定都有自己的一技之长，如果每个人在经过努力之后都能得到奖励，那么这种激励就会大受欢迎，而且同时会促进下属的工作积极性。管理者还可以拉长某项竞赛活动的时间，比如，前面说的节约成本竞赛，可以作为一个长期的项目，每个月按照相应的标准进行考核，按奖金方式进行发送，这会在下属中间形成一种节约成本的风气。

（4）根据形势的变化随时改变竞赛的条件，要能随着社会的进步而提高，从而使其能持续地发挥激励作用。

总之，竞赛机制是管理者调动下属工作积极性的一种有效手段，只是要想让其有效地发挥激励作用，提高整个团队的工作效率，管理者还需要不断地研究改革举办竞赛所需要满足的条件，以便把所有的下属都团结在自己的工作观念里。

"竞赛机制"是目标激励的一种具体形式。竞赛在任何一个组织内部或组织之间都是客观存在的，它所包含的利益驱动可以极大地调动下属的工作积极性。当然，这种利益驱动必须要建立在下属的劳动智慧和热情之上，而不是下属无法达到的其他的条件之上，否则，竞赛机制就会失去其特性。

试一试"蘑菇管理"法

"蘑菇定律"指的是初入职场者因为特长没有显现出来，只好被安排在不受重视的部门干跑腿打杂的工作，好比蘑菇总是被置于阴暗的角落，要受到无端的批评、指责、代人受过；好比蘑菇总是莫名其妙地被浇上一头大粪，得不到必要的指导和提携；好比任蘑菇自生自灭。据说，"蘑菇定律"是20世纪70年代由一批年轻的电脑程序员"编写"的，这些独来独往的人早已习惯了人们的误解和漠视，所以在这条"定律"中，自嘲和自豪兼而有之。

卡莉·费奥丽娜从斯坦福大学法学院毕业后，第一份工作是在一家地产经纪公司做接线员，她每天的工作就是接电话、打字、复印、整理文件。尽管父母和朋友都表示支持她的选择，但很明显这并不是一个斯坦福毕业生应干的工作。但她毫无怨言，在简单的工作中积极学习。一次偶然的机会，几个经纪人问她是否还愿意干点别的什么，于是她得到了一次撰写文稿的机会，就是这一次，她的人生从此改变。这位卡莉·费奥丽娜就是惠普公司前首席执行官，被尊称为世界第一女首席执行官。

可见，其实有这样一段"蘑菇"的经历，并不一定是什么坏事，尤其是当一切刚刚开始的时候，当几天"蘑菇"，能够消除我们很多不切实际的幻想，让我们更加接近现实，看问题更加实际。

"蘑菇"经历对成长的年轻人来说，就像蚕茧，是羽化前必须经历的一步，如果将这个定律落于实处，需要从企业和个人两方面着手。

1. 企业

（1）避免过早曝光：他还是白纸，有理论难免会纸上谈兵。

过早对年轻人委以重任，等于揠苗助长。

（2）养分必须足够：培训、轮岗等工作丰富化的手段是帮助人力资本转为人力资源的工具。

2. 个人

（1）初出茅庐不要抱太大希望：当上几天"蘑菇"，能够消除我们很多不切实际的幻想，让我们更加接近现实，看待问题也会更加实际。

（2）耐心等待出头机会：千万别期望环境来适应你，做好单调的工作，才有机会干一番真正的事业。

（3）争取养分，茁壮成长：要有效地从做"蘑菇"的日子中汲取经验，令心智成熟。

总之，"蘑菇管理"是一种特殊状态下的临时管理方式，管理者要把握时机和程度，被管理者一定要诚心领会，早经历早受益。

实行"末位淘汰制"

所谓"末位淘汰"，就是指对某一范围内的工作实行位次管理。规定在一定期限内，按照一定的标准对该范围内的全部工作人员进行考核并据此排出位次，将位次列在前面的大多数予以肯定和留任，而将位次居于末位的一个或几个予以否定和降免职。简单地说，"末位淘汰"是将居于末位的人员予以"淘汰"。

实行末位淘汰制能给员工以压力，能在员工之间产生竞争气氛，有利于调动员工的积极性，使公司更富有朝气和活力，更好地促进企业成长。具体来说，实行这种"末位淘汰"的作用有以下几个方面：

可以促使人们竞争、向上。实行"末位淘汰"，意味着末位者就要遭淘汰。在这种压力下，人们为了免遭淘汰，继续得到原有的工作岗位，从事原有的工作，得到原有的待遇，就会加倍努力。同时，可以增加工作业绩，提高工作质量。人人都加强努力，就会多做工作，做好工作，多创业绩，创造佳绩。末位淘汰，可以直接地、单纯地优化工作团队。但是淘汰末位者不是孤立的，而是同时保留比被淘汰者合适的、优秀的人员，又让出位置给新的比被淘汰者合适的、优秀的人员。

"末位淘汰"的标准是"末位"。这一标准与对上岗人员淘汰的正确标准大不相同。上岗人员只要达不到岗位所要求的基本素质和基本目标，即对于岗位不胜任、不合格，就要淘汰。

所以"末位淘汰"的标准要合理，否则"末位淘汰"会出现意想不到的后果。末位者有胜任、合格者，或全部都是胜任、合格者，或部分胜任、合格者由于其标准的不合理，使得淘汰末位时，会有胜任、合格者被淘汰，对这部分人有失公正，使他们得不到肯定且没有安全感，这就容易引发一系列负面效应，甚至导致企业和社会不稳定。

但这些不能阻止末位淘汰制的实行，因为它确实使得企业充满活力，保证企业可持续发展。

末位淘汰要注意一些问题。末位淘汰制这种强势管理方式虽然有不足之处，但是对于市场竞争日趋激励的今天，对那些管理水平还不高的企业而言，有其可行性。一些企业家认为，强势管理对一些企业可能有效，如企业规模较大，管理层次较多，员工有人浮于事的现象，通过强势管理强行淘汰一些落后的员工。

当然，不管是哪一种业绩管理，都不是以员工流失为目的，而是在组织的帮助下，每个员工都能完成业绩。其实每个员工的潜力是很大的，关键是怎么管理和开发。有人曾看到国内一家有上百家营业部的证券公司实行末位淘汰制，但只针对业务人员，被淘汰人数只有 3~5 人，淘汰下来的也不是让其回家，而是给调换一个适合的岗位。这个企业这么做效果是不错的，既调动了员工的积极性，又不会给整个企业形象造成负面影响。

末位淘汰制要跟目标管理连在一起，目标一定要合理。首先目标要明确，并且这个目标应该是员工通过努力可达到的，如果管理者定出的目标让员工感到绝不可能，就不叫做目标了。目标定得过高，员工可能会感到"你这是让我走人"，马上产生消极情绪，会做出对企业不利的事情。其次，目标应是可行、具体和清晰的。在目标已定的情况下，企业管理者一定要经常帮助员工，如提供一些资源和条件，组织培训。如果最后由于员工自身的原因做不好，员工自己就会萌生退意，自然实现了优胜劣汰。员工由于自己的原因而业绩不好被淘汰，大家都会理解和接受，不会产生什么负面影响。

末位淘汰制是被企业采用最多的优化人员结构的方式。越来越多的企业随着规模的扩大，管理层次的增多，普遍存在员工人浮于事的现象。通过末位淘汰制这种强势管理，能够给员工以压力，建立严格的员工竞争机制，有利于调动员工的工作积极性，使公司更富有朝气和活力，更好地促进企业成长。

第七章

执行要到位，
关键责任要落实

anliucheng
zhixing

没有执行力，就没有竞争力

执行力是推动工作、落实流程的前提。流程制定、决策下达之后，关键是要执行，再好的流程和决策，如果没有人去执行或执行不到位也是没有用的。因此，作为企业的管理者，你的工作必须着眼在有效的执行上。

美国总统麦金莱要求安德鲁·罗文将信送给加西亚，安德鲁·罗文克服了种种难以想象的困难，最后终于圆满地完成了这项神圣使命。安德鲁·罗文因此而被世人所称颂。但是，如果安德鲁·罗文当时不能执行这项任务，那么这项任务的价值就等于零。

在企业同样如此，如果制定了流程而不去执行，作出了决策而不去实施，也同样是分文不值。要知道：没有执行力，就没有竞争力！

1. 立即执行，决不拖延

很多时候，员工执行不力的原因在于拖延。一个企业，当管理者制定了流程或作出了决策时，影响这些流程或决策实施的，往往是员工长期以来在不知不觉中养成的拖延的恶习。

这里不妨举个简单的例子：一个企业的考核流程是规定每个月的最后一天提交工作报表。但是拖延的恶习让很多员工拖到下个月，这一恶习导致的结果是直接影响了领导对于每个人工作进展的判断，不能很快制订出新的工作计划，导致了企业的整体工作安排向后顺延，直接耽误了企业发展。

因此我们说，立即落实流程规定的每一项工作细节，决不拖延上级布置的每一个工作任务，是卓越员工必须具备的执行素质之一。

《财富》全球最有影响力商业人士排行榜中，埃克森美孚石油公司董事会主席兼总裁李·雷蒙德的名字常名列前茅。

有人说，李·雷蒙德是工业史上绝顶聪明的总裁之一，是洛克菲勒之后最成功的石油公司总裁，因为没有人能够像他一样，令一家超级公司的股息连续21年不断攀升，并且成为世界上最赚钱的一台机器。

李·雷蒙德的人生信条就是：决不拖延！在他的影响下，这一信条已经成为他所在公司秉持的理念之一。埃克森美孚石油公司之所以能跃升为全球利润最高的公司，离不开埃克森公司和美孚公司的携手，更离不开一支决不拖延的员工队伍。李·雷蒙德的一位下属曾经这样解释这一理念：拖延时间常常是少数员工逃避现实、自欺欺人的表现。然而，无论我们是否在拖延时间，我们的工作都必须由我们自己去完成。通过暂时逃避现实，从暂时的遗忘中获得片刻的轻松，这并不是根本的解决之道。要知道，因为拖延或者其他因素而导致工作业绩下滑的员工，就是公司裁员的必然对象。必须记住的是，没有什么人会为我们承担拖延的损失，拖延的后果只有我们自己承担。如此一来，我们就可能在一个庞大的公司里，创造出每一个员工都不拖延哪怕半秒钟时间的奇迹。

须知，决不拖延，今天该做的事一定要在今天完成，这才是真正有效的执行！

如果你有遇事拖延的习惯，不妨作一个自我分析。具体有如下几个步骤：

第一步，记下一件你拖延的事情。既然你有拖延的习惯，那你拖延的事情肯定不止一件，你不妨先写下自己认为最重要的那件事情。

第二步，自己反问一下，假如继续拖延下去，不采取行动，会造成什么样的后果。

第三步，想一下，如果你现在采取行动，完成这件事情，会对你有什么好处。这和第二步正好相反，这些好处会给你采取行动增加动力。

第四步，马上行动！

千万不要认为这样做没有什么效果。事实上并不是所有人在拖延时都曾认真考虑过这样做的后果到底有多严重。从很多被降职或被辞退的人那里看到后悔的神情时就可以知道这一点：早知道会被降职或辞退，就不会拖延执行了。

因此，无论如何，最重要的一件事情是：你必须采取行动，不要把事情留到明天。

2. 百分之百地执行

没有执行力，就没有竞争力，因此执行力也是企业的生存力。一旦计划、流程已经出台，我们就要百分之百地执行到底。在执行流程完成工作时，除了追求速度之外，还要追求质量。速度和质量，是衡量员工执行能力的两大标准。只有每个员工都能百分之百地执行既定计划和流程，都能高效高质地完成工作，企业才能更快速地前进，每个员工也会因此受益匪浅。

下面是一位房地产老总的一次亲身经历：

"一个与我们合作的外资公司的工程师，为了拍合作项目的全景，本来在楼上就可以拍到，但他硬是徒步走了两千米爬到一座山上，连周围的景观都拍得很到位。

"当时我问他为什么要这么做，他只回答了一句：'回去董事会成员会向我提问，我要把这整个项目的情况告诉他们才算完成任务，不然就是工作没做到位'。"

这位工程师的个人信条就是：我要做的事情，不会让任何人操心。任何事情，只有做到100%才是合格，99%都是不合格。

百分之百执行的另一个表达方式是：结果决定一切。即使你在工作中付出了很多努力，但是最终没有完成任务，还是等于没有执行。所以你必须明白，自己需要做的事情不是向别人说明自己有多辛苦，而是要认真反思，看是不是有什么更好的方法可以完成任务。用结果来评判执行力，是对一个人执行力的最佳评价方法。

在许多著名的企业中，百事可乐就是这样一个以"结果决定员工成就"的公司。百事可乐推崇一种深入持久的"执行力"文化，强调员工"主动执行"公司的任务，百分之百地去完成它。那些业绩优秀的员工总是能得到公司的嘉奖，而那些业绩不佳的员工则会被淘汰。这种以"结果论成败"的企业文化塑造了一支有着坚强战斗力的员工队伍。在激烈的市场竞争中，百事可乐终于渐渐从市场中脱颖而出，并且成为唯一可以和可口可乐抗衡的对手。

要做到百分之百执行，你就必须从以下三个方面着手：

（1）要严格要求自己。如果你只是希望在一个公司里混，能够保住饭碗，而不求上进，那么你很难做到百分之百执行。一个人成功与否在于他是不是做什么都力求做到最好。成功者无论从事什么工作，他都绝对不会轻率疏忽。因此，在工作中你应该以最高的标准要求自己。能做到最好，就必须做到最好。

（2）要牢记使命。很多人之所以不能做到百分之百执行，一个很重要的原因就在于他常常忘记了自己肩负的任务。

（3）要做到尽力而为。在很多时候，你之所以没有做到百分之百执行，原因不在于你的专业能力不够，而是你没有竭尽全力。

战略再好，也要有人落实和执行

我们先看这样一个故事：

一个富人要去远方旅行。临行前，他把仆人召集起来，各给他们五千两银子，让他们去经商。

一年后，这个富人回来了，他把仆人叫到身边，了解他们经商的情况。第一个仆人说："主人，你交给我五千两银子，我已用它赚了一千两。"富人听了很高兴。

第二个仆人接着说："主人，你交给我五千两银子，我已用它赚了两千两。"富人听了也很高兴。

第三个仆人来到主人面前，打开包得整整齐齐的包袱说："尊敬的主人，您看，您给我的五千两银子还在这里。我把它埋在地里，听说您回来，我就把它掘出来了。"

富人听了勃然大怒，他一把夺过那五千两银子，骂道："你这个没用的家伙，浪费了我的钱。"然后，将这个仆人赶了出去。

钱能生钱，这三个仆人都有了创业的本钱，也有了创业的机会，可是为什么第三个仆人却没有成功呢？关键是他没有采取任何行动。没有行动，没有落实和执行，又怎么会成功呢？

这对于企业的管理来说，同样如此。即便有一个很好的发展机会，有一个宏大的目标，有一个伟大的战略决策，但是不去行动，不去做，成功也不会从天上掉下来的。

成功需要实力，需要机遇，更需要决策者的行动。德鲁克在《卓有成效管理者的实践》中非常明确地说："虽然考虑边界条件是决策过程中最难的一步，但最耗时的，往往是把决策转化为有效的行动。所以打从决策开始，我们就应该把行动的承诺纳入决策之中，否则便是纸上谈兵。事实上，一项决策如果没有一条一条的具体行动步骤，没有指派某某人承担任务和责任，那便不能算是一项决策，最多只是一种意愿而已。"

李嘉诚在总结自己成功经验时也说："决定一件事后，就快速行动，勇往直前去做，才会取得成功。"

美国麦当劳餐厅在 1955 年创办初期仅仅是一家经营汉堡包的小店，然而到了 1985 年，它已经在美国的 50 个州和世界 30 多个国家和地区开设了近万家分店，年营业额近 100 多亿美元，被称为"麦当劳帝国"。它能有如此的成功，完全有赖于创始人雷蒙·克洛克的"一旦决定了就赶快行动"的准则。

1954 年的一天，雷蒙·克洛克驾车去一个叫圣贝纳迪诺的地方，他看到许多人在一个简陋的麦当劳店排队，他也停下车排在后面。

人们买了满袋汉堡包，纷纷满足地笑着回到自己的汽车里。克洛克凭着好奇的心理上前看个究竟，原来是经销汉堡包和炸薯条的快餐店，生意非常红火。

当时年过 50 的克洛克还没有自己的事业，他一直在寻找自己事业的突破口。他知道，快节奏的生活方式就要到来，这种快餐的经营方式代表着时代的方向，大有可为。于是他毅然决定经营快餐店。他向经营这家快餐店的麦当劳兄弟买下了汉堡包摊子和汉堡、炸薯条的专利权。

克洛克搞快餐业的决策遭到了家人及朋友的一致反对，他们听到这一消息后纷纷惊呼："你疯了，都50多岁了还去冒这个险！"

但是，克洛克毫不退缩。在他看来，决定大事，应该考虑周全；可一旦决定了，就要一往无前，赶快去做。行与不行，结果会说明一切。最重要的是行动。

克洛克马上投资筹建他的第一家麦当劳快餐店。经过几十年的发展，克洛克取得了巨大的成功。人们把他与名震一时的石油大王洛克菲勒、汽车大王福特、钢铁大王卡内基相提并论。

这个故事足以证明：战略决策再好，也只有落实和执行才有效。

让"尽力而为"从员工嘴中消失

如果说企业就是一个庞大的机器，那么每个员工就是机器上的零件，只有他们每个人都尽力而为，发挥出自己的作用，企业这个庞大的机器才能得以良性运转。企业是不断发展的，管理者就应根据实际动态情况对人员数量和分工作出有利的调整。如果企业中有人滥竽充数，对工作不尽心，那么给企业带来的不仅仅是工资的损失，而且会导致其他人员的心理不平衡，最终导致企业整体工作效率下降。

企业的管理者一定要把员工培养成为具有以下精神的员工，这样才能在工作中尽职、尽责、尽力，真正让"尽力而为"从员工嘴中消失。

1. 干工作就是干事业

管理者应该让员工做到把工作当成事业，如果能让员工从事业的角度看待职业和工作，就能少一些怨言和愤怒，多一些努力和忍耐；在一次次超越的过程中不断拓宽视野，从中领悟一些道理，增加一些本领和技能。

2. 奉献企业

作为一名管理者，要培养员工有一种奉献精神，让他们认识到自己和企业是一体的，要有"今天我以公司为荣，明天公司以我为荣"、"我是公司中的一员，我必须对公司负责"的思想。要让员工认识到，对工作负责就是对自己负责。

3. 把敬业当成一种习惯

管理者要培养员工把敬业当成一种习惯。如果员工没有敬业精神，就不可能把工作做好，这也阻碍他们潜力的发挥。一个人放弃了自己的职能，就意味着放弃了自身在这个社会中更好生存的机会，就等于在可以自由通行的路上自设路障，摔跤绊倒的也只能是自己。

4.用热忱点燃工作激情

管理者要让员工正确地认识自身价值和能力，对工作产生激情。当员工对自己的工作产生激情时，就会产生一种肯定性的情感和积极态度，并产生一种巨大的精神动力。即使在各种条件比较差的情况下，也不会放松自己的要求，甚至会更加积极主动地提高自己的各种能力，创造性地完成自己的工作。

在商业竞争中，企业的发展需要全体员工尽力而为，在各自的岗位上尽职尽责、尽力做好每一件事情。只有这样，才能避免在企业内部出现比如互相扯皮、期望不一致、员工对自己的职责感到迷惑不解、运动式管理和推辞、怠工等问题。

工作要简化，但不要简单化

现代企业普遍重视企业流程的建立，其中内部管理日益走上科学化、程式化。但是也还是有不少企业存在管理受到管理理性主义影响的情形，走到了另一个极端面上，造成组织机构设置过于庞大、复杂；规章流程的制定过于烦琐，单纯追求表面化；过分依赖流行的理论模型，决策、指挥过于追求系统化而陷入形而上学等等，影响着企业管理的有效性，制约了企业的发展。

因此，企业管理工作有必要进行简化。通用汽车就是一个力求简化的企业。

多年以来，通用汽车一直在努力寻求简化信息技术程序，降低信息技术成本的途径，并且尽可能地采用标准化操作技术。自1996年对信息技术管理进行大的调整以来，通用汽车已在信息技术管理上缩减了10亿美元的费用，而信息技术资源管理人员也由过去的7000多人减少到现在的3000多人。

现在，通用汽车重整信息技术团队，试图把庞大而臃肿的通用巨人变成一个更加强大、行动迅速的机器，期望能使企业决策通畅运行，企业数据及时无误地传递，而不再为复杂的操作系统所困扰。

我们清楚地知道，企业的竞争集中体现在人力资源的配置上，而配置的优化都需要企业的组织结构来实现。一些企业的人才并不差，但却受制于复杂的科层制结构。管理层次太多、效率低下的缺点使得人才优势大打折扣。

一个出色的企业，其正规的体制是一大亮点。当企业各部门达到一定规模的时候，就以某种方式把它拆开，分为比较小的、更容易管理的新分部。这样不但便于管理，更重要的是能够激发企业成员的责任感。因为组织规模小，而占主导地位的核心业务又只有一项，管理者才能真正了解它并负起责任来。

对于企业而言，没有简化的管理就会让企业陷入混乱。因此企业流程必须简洁、明了，使员工能够方便获得、理解一致、记忆深刻，进而转化为行动。但是，企业管理的简化并不是简单化，相反，简化是以精细化管理为前提而实施的简化管理。必须做好精细化管理，才能合理有效地使管理简化。

现代企业追求的是更高效益和更快速度，并能让企业做大做强做久。这种情况下，简化管理就显得尤其必要，在实际操作中也能使企业的经营活动具有更高的效率。简化管理是一种管理方法，更是一种管理思想，也是一种企业文化，深刻理解并能在实践中广泛应用的企业也必能在市场竞争中立于不败之地。

把任务落实到个人

把任务与人员结合起来，才能使目标落到实处，并提高整个组织的执行力。总的来说，把任务落实到个人有以下几个重要步骤：

1. 仔细考虑任命的核心问题

任命之前，至少要先搞清楚任命的原因和目标，并物色出适合的人选。

比如，当管理者要挑选一个新的地区的营销人员时，首先应该弄清楚这项任命的核心：要录用并培训新的营销员，是因为现在的营销员都已接近退休年龄，还是因为公司虽然在固有行业一直干得不错，但是还没有渗透到正在发展的新市场，因而打算开辟新的市场。根据任命目标的不同，管理者需要寻找不同类型的人才。

2. 初步设定一定数目的备选人才

这一步骤的关键是企业要有相当充足的人才储备以供挑选。正式的合格者是备选对象中的极少数，如果没有一定数目的备选对象，那选择的范围就小，确定适宜的人选难度就大。要作出有效的人员配置，管理者就至少应着眼于 3~5 名合格的候选人。

3. 以寻找备选人的长处为出发点

备选人能做什么，他有哪些长处，是否与目标相切合是关键。核心的问题是："每个人所拥有的长处是什么？这些长处是否适合于这项任命？"短处是一种局限，它当然可以将备选人排除出去。例如，某人干技术工作可能是一把好手，但任命所需的人选首先必须具有建立团队的落实能力，如果这种能力正是他所缺乏的，那么他就不是合适的人选。德鲁克曾经对这两种用人思维方法进行了详细分析，他认为一种是只问人的长处而用之；一种是注意人的短处，用人求全。前者能使组织取得绩效，后者却只会使组织弱化。

如果管理者只能见人之短而不能见人之长，因而刻意于避其短而不着眼于用其长，那么这位管理者本身就是一位不注重落实的人。他会觉得他人的才干可能会构成对他本身的威胁。

4. 把广泛的讨论作为选拔程序中一个正式的步骤

管理者的独自判断往往是毫无价值的。因为我们每个人都会有第一印象，有偏见，有亲疏好恶。因此我们需要倾听别人的看法。在许多成功的企业里，这种广泛的讨论都作为选拔程序中一个正式的步骤。能干的管理者则应该正式地从事这项工作。

5.确保任命的人才了解职位

被任命的人在新的职位上工作了一段时间后，应将精力集中到职位的更高要求上。管理者有责任告诉他："你当地区营销员（或别的什么职务）已有3个月了。为了使自己在新的职位上取得成功，你必须做些什么呢？好好考虑一下吧，一个礼拜或10天后再来见我，并将你的计划、打算以书面形式交给我。"同时，还应指出他可能已做错了什么。

如果你身为管理者，却没有做这一步，那就不要埋怨你任命的人成绩不佳。应该责怪你自己，因为你自己没关注落实，没尽到一个管理者应尽的责任。

6.根据员工的特性分配工作

公司之所以会出现不当的工作分配，一方面或许由于对员工的投资不对；另一方面则是因为组织中许多的工作分配都是以现有的空缺和员工是否能立刻称职为依据。像这种不考虑人员个别的特性，而随机分配的做法，往往会使工作缺乏效率。

一些公司的政策，甚至排除了正常分配应有的过程。例如，公司可能要求调职的员工，从他们现在所属部门的基层重新做起。工作分配的决定，可以由各部门管理者作自由选择，所以，基本上并不一定是组织上的问题。然而，随着传统的人事或团体在最终分配决定上所扮演的角色日趋重要，许多大公司中，分派工作已形成一个特殊的行政参谋机能。许多小公司，也正朝着这个方向渐渐改变。所以分配工作在本质上，应该是有组织性的。

公司经理分配给员工的工作，不能配合其能力的情形有很多。例如，缺乏专业知识、员工的健康或性情不能承担其工作、劳心与劳力者工作的错误配置等。此外，工作分配的错误，也包括了某些社会因素。例如，员工可能被派遣到外地工作而远离亲人，或许由于员工的离乡背井，而产生了家庭问题，使其不利。

如同管理者分配一批员工到新工作的情形一样，有时候，其他因素的重要性，甚至超过分派工作本身，所以管理者并不是总有足够的时间去实现分派的决定。例如，机械设备汰旧换新时，生产线上的空缺，就需要大量的员工去支援。在更新设备之前，将冒着低效率的风险。迅速地调职使员工没有充分的时间去学习，因而缺乏效率。但是，如果能提供员工足够的培训和相当的自由，那么就能减少大部分的调职冲突，而且对于提高工作效率也会有很大帮助。

总之，"不患无策，只怕无心"。在实际工作中，之所以会出现一些重要决策没有很好地落实到位，导致方向不明、责任不清、落实不到位。因此，管理者要在任务细化分解的基础上，做到责任主体明确、进度要求明确、完成时限明确、考核追究明确，把任务落实到个人，使其各司其职、各负其责。

科学委派任务的技巧

要下属把工作落实到位，关键就是要掌握科学委派的技巧。松下幸之助说："不论是企业或团体的领导者，要使属下高高兴兴，自动自发地做事，我认为最重要的，要在用人和被用人之间，建立双向的，也就是精神与精神，心与心的契合、沟通。"他看到了管理者与下属沟通的重要性，因而在实际中身体力行，终于取得了成功。

一些管理者喜欢颐指气使，有事就大嗓门地命令下属去干。他们认为只有雷厉风行才能产生最佳效果，命令别人去干事的时候也不看人家的意见如何，反正一句话："做了再说！"一般来说这样的管理者个人能力较强，在下达命令之前大多是经过一番深思熟虑的。如果久而久之，下属对上司产生了信任，就会什么都不问，照他说的去做，渐渐失去了积极性和创造性，成为一件只会办事的机器。而有些下属呢，面对上司铺天盖地的命令，连问一句为什么的机会都没有，自己想不通当然就不愿去做了。不愿做的事要被迫去做自然也就很难做好了。

要委派下属工作任务，命令的方式是不可少的，但更多的时候，最好还是要掌握科学的技巧。我们只需仔细观察就会发现，有些公司的管理者并不一定会自然产生正确委派工作给别人的能力。事实上，许多公司的高级管理者常常都是非常拙劣的委派者。他们常常把工作分配给不适当的人去做，自然会落实不到位，结果当然也不会好。等到浪费了很多时间以后，他们便又卷起袖子亲自去做。这样一来，不仅浪费了时间和金钱，而且打击了下属的积极性。要知道，现代管理者的一个非常重要的职责就是要把工作分配给别人去做。怎样做到有效的分配呢？美国作家约翰·皮尔斯提出了有效委派系统的 5 个步骤。如果管理者能够认真地遵守这些步骤，就能大大提高自己的管理能力，改进部门的工作，提高企业的效率，把自己从具体事务活动中解放出来。

1. 选定需要委派他人去做的工作

原则上来说，你可以把任何一件其他人可以处理的工作委派给他人去做。为了做到这一点，首先要对下属的能力有所了解，对工作和员工的评价是获得这种了解的途径。

2. 认真考查要做的各种工作，并让员工也清楚地了解

确保自己了解这些工作的具体步骤、特殊性及复杂性。在自己还没有完全了解这些情况和工作的预期结果之前，不要轻易委派工作。另外，还要向处理这件工作的下属说明工作的性质和目标；要保证下属通过完成工作获得新的知识或经验。

3. 工作委派之后，还要确定自己对工作的控制程度

如果一旦把工作委派出去，自己又无法控制和了解工作的进展情况，那就要亲自处理这件工作，而不要再把它委派出去了。管理者首先要了解工作和下属完成工作的速度。要通过这种形式

掌握下属对他自己的工作究竟了解多深。如果发现有的下属对自己的工作了解很深，并且远远超出原来的预料，那么这些人就有可以担负重要工作任务的才能和智慧。其次要了解下属完成工作的速度。管理者一旦掌握了每个工作人员对其工作了解的程度和完成工作的速度等情况，就可以估计出每个人能够处理什么样的工作，也就可以回到委派工作的分析上来，决定把工作委派给可以达到目标要求的人。

4. 切记不要把必须由你决定的工作委派出去

那些处于最优先地位并要求管理者马上亲自处理的特殊工作，例如，你的领导非常感兴趣和重视的某件具体工作，你最好亲自去做。另外，需要保密的工作也不要委派给别人去做。如果某项工作涉及只有你才应该了解的特殊信息，就不要委派出去。

5. 当一件挑战性工作出现时，管理者应将它迅速委派给员工

选定了可以委派的工作后，就要选定能够胜任工作的人。管理者可以花几天时间让每个下属用书面形式写出他们对自己职责的评论。要求每位工作人员诚实、坦率地阐述自己喜欢做什么工作，还能做些什么新工作，然后，管理者可以召开一个会议，让每个下属介绍自己的看法，并请其他人给予评论。不过管理者要特别注意两个下属互相交叉的一些工作。如果某下属对另一下属有意见，表示强烈的反对或提出尖锐的批评，你就要花些时间与他们私下谈谈。

总之，管理者不能一个人大包大揽，必须把任务分派出去，

让下属帮助完成。但有一点也要记住，那就是管理者要尽量避免把所有的工作都交给一个人去做的倾向。

落实执行力关键在于责任到位

实际工作中，一些企业之所以会出现一些重大决策没有很好地落实到位，一些重要政策在落实过程中打了折扣，一些重大工程在实施过程中进展缓慢等现象，往往不是因为方向不明、道理不清、招数不对，而是由于责任划分不清。

一个家电制造有限责任公司曾经发生过这样一起"事故"：3号车间有一台机器出了故障，经过技术人员的检查，发现原来是一个配套的螺丝钉掉了，怎么找也找不到，于是只好去重新买。

采购过程波折重重。先是发现市内好几家五金商店都没有那种螺丝钉，又发现就连市内几家著名的商场也没有。

几天时间很快就过去了，采购员还在寻寻觅觅地找那种螺丝钉，可是工厂却因为机器不能运转而停产。于是，公司的管理者不得不介入此事，认真打听事故的前因后果，并且想方设法地寻找修复的方法。

在这种"全民总动员"的情况下，技术科才想起拿出机器生产商的电话号码。打电话过去询问，得到的答案却是："你们那个城市就有我们的分公司啊。你联系那里看看，肯定有。"

联系后仅过了半个小时，那家分公司就派人送货来了。问题解决的时间就那么短，可是寻找哪里有螺丝钉，就用了一个星期，而这一个星期，公司已经损失了上百万元。

很快，工厂又恢复了正常的生产运营。在当月的总结大会上，采购科长特别提出了这件事情。他说："从技术科提交采购申请，再经过各级审批，到最后采购员采购，这一切都没有错误，都符合公司要求，可是结果却造成这么重大的损失，问题竟然是因为技术科的工作人员没有写上机器生产商的联系方式，而其他各部门竟然也没有人问。之所以会出现这样的问题，是由于公司责任划分不清，才导致了需要负的责任没有人负！"

可见，企业组织的岗位与岗位之间、员工与员工之间，都是责任与责任的关系，他们之间就犹如一台高速运转的机器中一个个相互啮合的齿轮，每一个齿轮的运转，都对整个机器的运转担负着重要的作用。很可能一个齿轮的缺失，将导致整个机器停止运行；小螺钉缺失，产生机器运营的缓慢和危险。责任不落实到位，一点点小问题就可能酿成大祸，使企业蒙受巨大的损失！

最宝贵的精神是落实的精神，而最关键的落实是责任的落实！落实任务，先要将责任落实到位，因为责任不清则无人负责，无人负责则无人落实，无人落实则无功而返。责任落实是否到位，是抓好工作落实的重要保证。

只有责任落实到位，才是落实任务、对结果产生作用的真正力量。只有将责任落实到位，我们的单位和企业才能更加欣欣向荣；只有将责任落实到位，战略才能隆隆推进，崭新的未来才能扑面而来；只有将责任落实到位，个人的潜力才能得到无限的开发，个人才能一步步走向成功。

落实贵在坚持到底

我们在公司时常会遇到这样的情况：上班第一天，公司召开全体员工动员大会，老板在会上苦口婆心地说："各位同仁，去年销售业绩下滑 6 个百分点，如果今年不迎头赶上，那就……咱们得像刘翔一样奔跑。"

每当这时，不少员工就会在下面窃窃私语："谁都知道，百米冲刺的速度只能玩上十几秒，要玩 365 天，谁受得了？"

而在另外一家企业，一位一向以严著称的老板态度却截然相反。他说："我为什么对员工要求那么严格，就是因为气可鼓不可泄，管人就得像拧螺丝钉一样，一圈一圈地往里拧，千万不能松了。"

工作是一种漫长而又艰辛的事情，它充满了变数，任谁也不能预知未来工作中会出现什么问题。我们所要做的，并不是像刘翔那样在缺氧的状况下奔跑，而是要作好计划，知道何处应该跑起来，何处又应该放慢脚步。

举个简单的例子：在长跑的时候，最终获得胜利的那些人是开始的几圈就拼尽全力，还是保持自己的速度一直跑到终点的呢？显然是后者。因为，他们懂得坚持才是最重要的，而不是一口吃个胖子。

工作的过程有时候很像骡子推磨。每天都重复着同样的动作，枯燥而又繁重。聪明的主人会在骡子面前吊一把青草，骡子想吃到那把青草，便不得不一圈又一圈地走着。职场中的人们最重要的事情并不是你某个时候能跑得快，而是面对繁重的工作，能够像骡子一样一步一步地坚持走下去。

如果让一匹马来推磨，它确实可以飞奔，但是想象一下，它在疯狂地跑完了几圈之后，会怎么样？

《华尔街日报》对通用公司前首席执行官杰克·韦尔奇有这样一句评价："韦尔奇可以花一天时间参观一家工厂，跳上一架飞机，小睡几个钟头，然后再重新开始工作；在这段时间里，他也许会停在爱达荷，或者在某个风景优美的地方滑雪。"

韦尔奇认为，成功并不是跑得快或是工作更努力。每一个人都可以一天工作16个小时甚至更长的时间，但是为了工作置健康和家庭于不顾的人，还能算得上是成功吗？这份工作还能坚持下去吗？

韦尔奇用他自身的经历告诉我们：成功的道路，没有捷径。只有坚持，你才能成为下一个收获成功的人。

以营销为例。如果管理者在推销时仅仅跑了两三趟，就因客户的拒绝而悲观、失望，消极地认为"算了，别去了"的话，那你根本就没有机会获得成功。

美国一家兵工厂曾经进行过一次很有意思的实验：实验者在兵工厂的大梁上绑了一条粗大的钢索，使其垂直固定在地面上，然后在离钢索一米处用一根很细的尼龙绳垂直地绑了一个软木塞，他们用软木塞很有规律地反复撞击这根粗大的钢索。

软木塞不断地撞击着钢索，时间一分一分过去了，大家耐心地等着，第 29 分钟、30 分钟，钢索竟然颤抖了两下，然后又静止了，接着又开始不规则地颤动。40 分钟后，钢索开始随着软木塞有韵律地摆动起来。

这时，实验者们终于露出了满意的笑容。他们取下软木塞，看到了令人惊讶的一幕：钢索依然不停地反复摆动，历久不绝。

我们从这个实验中可以得出一个结论：成功是属于按自己的意志和步调坚持走下去的人。就像那个软木塞一样，如果它一开始就认为钢索那么粗，撞击它根本没用，那么它就会被自己打垮。所以，软木塞的成功归于"按自己的意志和步调，坚持下去"的耐心，它每一次撞击都在改变对方，一次又一次地积累，一次又一次地储蓄力量，终于改变了对方。

每个人都有自己的优势，尽管可能并不明显，但那又怎样？

也许，一次的落实结果并不理想，甚至被碰得头破血流。但这正是积蓄能力的时候。聪明的人会选择不屈不挠，继续战斗；普通的人选择退缩和保守。所以，坚持本身即是落实能力的一部分。

其实，落实跟其他的过程一样，都是充满挑战的。没有耐性的人在面对挫折时会选择逃避，因为他不知道挫折之后就是成功。

阿里巴巴总裁马云曾说："我不知道该怎么样定义成功，但我知道怎么样定义失败。那就是放弃，如果你放弃了，你就失败了；如果你有梦想，你不放弃，你永远有希望和机会。""坚持到底就是胜利，如果所有的网络公司都要死的话，我们希望我们是最后一个死的。"

在麦当劳总部的办公室里悬挂着克洛克的座右铭——在世界上，毅力是无可替代的……只有毅力和决心才是无所不能的。

积沙成塔，集腋成裘。生命不是百米赛跑，不是靠冲刺就能一夕成功，它就像野地里的百合花不会提前绽放。如果你能深谋远虑，从容不迫，气定神闲，坚持到底，那就没有什么是不能成功落实的。

执行的过程要重视细节

落实在于细节，落实的成效在于对细节的关注。这样说起来也许有些笼统，我们以上海地铁为例，来看看细节的差别对于落实的影响。

上海地铁一号线是德国人设计的，二号线是我们中国人自己设计的。从表面看来，两条地铁几乎没有什么差别。但是投入运营后，却出现了二号线亏损，一号线赢利的现状。仔细一比较，才发现原来是因为我们忽略了几个小事情：

（1）进出站口的三级台阶。一号线每一个室外进出口都比地面高，有三级台阶。下雨时可以阻挡雨水倒灌，从而减轻地铁防洪压力；而二号线没有这三级台阶，一下雨就要防洪，浪费了大量人力物力。

（2）进出站口的一个转弯。一号线每一个室外进出口都设有一个转弯，这大大减少了站台和外面的热量交换，从而减轻了空调压力，节省了电费；而二号线从外面到里面都是直的通道，没有转弯，热量直接进入地铁，导致电费居高不下。

（3）站台外的装饰线。一号线在安全距离处用黑色大理石嵌了一道边，里外地砖颜色不同，给乘客较强的心理暗示。乘客总能很自觉地站在安全线以外；而二号线的地砖颜色都一样，乘客稍不注意就会过于靠近轨道，很不安全，公司不得不安排专人在站口提醒乘客注意安全。

（4）站台宽度。一号线站台比较宽，上下车比较方便。二号线站台较窄，一到客流高峰时就会拥挤不堪，也使乘客在车厢里看不清楚外面的站牌，特别容易坐过站。结果不得不用不同的颜色重新装饰站台的柱子，方便乘客辨认。代价是损失了在柱子上的广告收入。

虽然这四点都是很小的事情，但对最终的结果却产生了很大的影响。

一个地铁就有如此多的细节需要掌握，那么落实到一项耗资更高的建设工程，落实一项苦心论证的项目方案，落实一个规定呢？又有多少细节需要掌握，又有多少人真正努力去研究和思考这些细节呢？

贝聿铭是一位著名的华裔建筑师，他认为自己设计最失败的一件作品是北京香山宾馆。因为他在这座宾馆建成后一直没有去督促过。

实际上，在香山宾馆的建筑设计中，贝聿铭对宾馆里里外外每条水流的流向、水流大小、弯曲程度都有精确的规划，对每块石头的重量、体积的选择以及什么样的石头叠放在何处最合适等等都有周详的安排，对宾馆中不同类型鲜花的数量、摆放位置，随季节、天气变化需要调整不同颜色的鲜花等等都有明确的说明，可谓匠心独具。

但是工人们在建筑施工的时候却对这些"细节"毫不在乎，根本没有意识到正是这些"细节"方能体现出建筑大师的独到之处，随意"创新"，改变水流的线路和大小，搬运石头时不分轻重，在不经意中"调整"了石头的重量甚至形状，石头的摆放位置也是随随便便。看到自己的精心设计被无端演化成这个样子，难怪贝聿铭要痛心疾首了。

因此，香山宾馆建筑的失败不能归咎于贝聿铭，而在于落实中对细节的忽视。

一个计划的成败不仅仅取决于设计，更在于落实。如果落实得不好，那么再好的设计，也只能是纸上蓝图。唯有落实得好，才能完美地体现设计的精妙，而落实过程中最重要的在于细节。

中国人绝不缺乏聪明才智，也绝不缺少雄韬伟略的战略家，缺少的是精益求精的落实者；绝不缺少各类规章、管理流程，缺少的是对规章流程不折不扣的落实。好的战略只有落实到每个细节上，才能发挥作用，也就是前面所说的"各适其位"。

海尔、联想为什么可以成为中国传统产业和科技产业的领头羊，就是因为他们的管理者、员工对公司的战略落实到位。

如果我们每个人能把自己岗位上的事情做细、做到位，那么企业也就能不断发展了。

第八章

让流程为企业保驾护航

依法办事，化解法律风险

当前，很多企业的管理者还处在依靠行政手段管理员工的阶段，不是依据企业依法制定的内部规章流程来管理员工，而是依据领导人的个人意志来管理，依据行政手段来管理，管理方式带有很浓的行政或人治色彩。

与劳资相关的法律及条例的变动，改变了企业长期以来宽松的劳动用工管理环境，给企业现有的人力资源管理模式带来了很大的冲击，使企业不得不思考如何改变现有模式。企业在劳动用工管理方面必须改消极、被动的管理为积极、主动的管理，把化解法律风险放在第一位。

1. 依法治企，严格执行与劳动保障有关的法律法规

国家制定和完善一系列的法律法规，旨在促进劳动合同关系的和谐。法律法规就是用人单位进行经营和管理的准则和行为底线，例如，签订劳动合同，按时足额支付工资，缴纳社会保险及最低工资保障等。用人单位违法是劳动争议发生的主要原因，最终用人单位需要支付很高的违法成本。因此要树立依法治企的观念，形成依法管理的氛围，严格执行劳动保障的有关规定，这是

预防劳动争议最有效的途径。

2. 依靠劳动合同和规章流程来管人

基于双方平等自愿签订的劳动合同，是双方行使权利、履行义务的依据。但是劳动合同不能将劳动关系存续期间涉及的方方面面都明确。用人单位必须充分利用法律赋予的流程管理权限，认真制定和完善企业规章流程，用流程管人管事。所谓的用工流程，应当是指建立起符合企业（单位）实际情况的流程体系，包含薪酬、奖惩、绩效、劳动纪律、安全卫生、社会保险与福利以及岗位职责与操作规程等各个方面的规章流程。这些规章流程应当具有合法性、合理性和可操作性。因此，一部完善的规章流程，对用人单位尤为重要。在两者均合法的前提下，劳动合同的效力将高于企业规章流程的效力。

3. 规范日常管理，注重细节，强化证据保留

如建立每个员工的档案，将经员工签收的通知、员工确认的考评表、谈话记录或处罚决定等材料及时入档，这有利于用人单位保护自己的合法权益，也有利于劳动关系的稳定和劳资矛盾的处理。

4. 建立劳动争议处理的内部沟通、申诉与协商机制

法律允许调解，有的还支持调解。比如《劳动争议调解仲裁法》就支持调解，强调劳动关系的和谐。因此，为了化解和消除劳资矛盾，用人单位有必要建立内部沟通、申诉与协商机制。包括：

（1）建立内部沟通机制，保障内部各部门、上下级之间沟

通渠道的畅通。可以通过会议形式、谈话形式，或者是文件形式，来传递用人单位的信息，听取员工的意见，消除员工的抱怨和不满。

（2）建立员工申诉机制。企业要管人，不可避免地要处罚违反劳动纪律、操作规程或其他规章流程的员工，这种情况下，劳资矛盾就有可能发生。这就需要提供一个给员工申诉的平台。

（3）建立工会，充分发挥工会的协商作用。很多企业没有建立工会组织。《劳动合同法》明确规定了工会在贯彻《劳动合同法》中的地位和责任，并在多处赋予了工会参与和监督的权利。有条件的用人单位应当重视起来，充分发挥工会的作用。

规章流程一定要合法有效

吴某、刘某两人分别于 2005 年 10 月 8 日、2007 年 8 月 23 日进入某电子公司工作，离职前 12 月份两人的月平均工资分别为 1185 元和 1582 元。2008 年 12 月 28 日，该电子公司认为吴某 12 月 26 日上班时间已有刷卡记录（7：25），在上班时间内又去刷卡，时间为 7：45，有代人打卡的行为。而刘某 12 月 26 日上下班均有刷卡记录（7：45、18：56），但部门核实该员工当天没来上班，故有托人代刷卡的行为。电子公司据此认为两人的行为符合该公司《人事行政管理办法》中"代人打卡及托人打卡者，经提报并确定属实，予以开除处分"的规定，将两人开除。

两人对公司的决定不服，认为他们并不存在代人打卡以及托人打卡的行为，电子公司提供的《考勤班制表》（注：显示两人的上、下班的考勤记录时间）和光盘（注：监控录像显示出上述数次的打卡时间段出现于刷卡设备处的均为吴某，而非刘某）系单方制作，两人不予确认。而且认为，公司将一次代人打卡的行为认定为严重违反劳动纪律或用人单位规章流程的行为属于定性错误。并且，该电子公司的《人事行政管理办法》既没有经过民主程序制定，也没有向全体员工公示，不能作为定案的依据。据此，两人诉请电子公司支付代通知金、经济补偿金。但电子公司认为代人打卡和托人打卡的行为属于欺骗劳动报酬的行为，性质恶劣，严重违反了劳动纪律，将两人解聘无需支付经济补偿金，符合法律规定。

经过法院调查和双方提供的证据发现，吴某代刘某打卡是事实，电子公司依照规章流程解除与吴某和刘某的劳动关系符合公司管理规定。但电子公司以两人行为符合"代人打卡及托人打卡者，经提报并属实，予以开除处分"的规定为由将两人开除，应就上述规定的合法性负举证责任。但电子公司并未提供任何证据证明该公司的《人事行政管理办法》是通过民主程序制定，并已公示或者告知劳动者，而且也未能证明两人代人打卡或托人打卡的行为对公司造成了严重后果。依据上述调查结果，法院认为两人的行为并未达到《中华人民共和国劳动法》第二十五条第（二）项规定"严重违反劳动纪律或用人单位规章流程"的"严重违反"的程度，因此，该电子公司开除两人不合法，应分别向两人支付经济补偿金和代通知金共 5925 元、4746 元。

为了防止企业滥用内部规章流程的制定权侵害职工的合法权益，法律对企业规章流程的制定规定了相应的监督和制裁办法。不合法的规章流程，在仲裁或诉讼中不能作为审理劳动争议案件的依据。因此，企业制定规章流程时必须注意所制定规章流程的合法有效性。

根据《最高人民法院关于审理劳动争议案件适用法律若干问题的解释》第十九条的规定，规章流程必须符合"民主程序制定"、"合法"、"公示"3 个条件，才可作为人民法院审理劳动争议案件的依据。此规定实际上确定了规章流程有效性的 3 个一般条件，3 个条件缺一不可，否则就会出现规章流程无效的后果。

根据这 3 个条件，我们知道，要想使规章流程有效，就必须做到：

1. 履行民主程序

规章流程的制定和修改要履行民主程序，并保留职工代表大会或者全体职工讨论、协商的书面证据。《劳动合同法》第四条规定，"用人单位在制定、修改或者决定有关劳动报酬、工作时间、休息休假、劳动安全卫生、保险福利、职工培训、劳动纪律以及劳动定额管理等直接涉及劳动者切身利益的规章流程或重大事项时，应当经职工代表大会或者全体职工讨论，提出方案和意见，与工会或者职工代表平行协商确定"。在规章流程和重大事项决定实施过程中，工会或者职工认为不适当的，有权向用人单位提出，通过协商予以修改完善。

2.合法性审查

对旧的规章流程进行的合法性审查，包括程序合法和内容合法两个内容。

程序合法是指规章流程的制定必须符合法律规定的程序，如规章流程必须是有权部门制作批准，必须经过职代会或职工大会及法律规定的其他民主形式通过，通过的还必须按法定的民主程序制定。

内容合法，即管理流程的内容不能与现行法律法规、社会公德等相背离。任何有违劳动合同和法律、法规的规定在实际中都不能作为有效的法律依据。规章流程不得违反公序良俗。公序良俗是民法的一个基本原则，也渗透在其他法律中，是各国法院在使用外国法时的一个保留原则。企业规章流程不仅要在制定时保证它的合法性，随着企业的发展和法律环境的变化，在进行相应的调整、补充、更新时也要保证其合法性，否则当脱节的规章流程遭遇新情况的时候，企业就不可能拿出合理的依据维护自己的利益。

3.公示

公示是规章流程生效的必要条件，企业对规章流程有向员工告知的义务，员工也有对规章流程的知情权。《劳动合同法》规定用人单位应当将直接涉及劳动者切身利益的规章流程和重大事项决定公示，告知劳动者。

公示的方法一般有：公司网站公布法、电子邮件通知法、公告栏张贴法、员工手册发放法（保留签收记录）、规章流程培训法（保留培训签到记录）、规章流程考试法（保留试卷）等。从举证角度考虑，不推荐网站公布法、电子邮件通知法、公告栏张贴法，因为这3种公示方式都不易于举证。

除以上3条以外，企业制定规章流程时还要规划好哪些是应该写在劳动合同里的，哪些是应该写在规章流程里的。可以把规章流程中一些较为敏感的或职代会难以通过的内容，移植到劳动合同中进行具体说明，这样可以减少企业和工会组织之间的矛盾。还可以把规章流程作为劳动合同的附件，并约定附件与劳动合同具有同等效力。

此外，还要将对违纪员工的处罚细化、量化。我国现行劳动法律、法规对违纪行为的规定使用了大量的程度副词，如"严重违纪"、"重大损失"等，但对什么是违纪行为、违纪行为达到何种程度才构成"严重违纪"等，却没有作出具体规定，这就需要企业在规章流程中根据不同岗位的要求将其细化和量化。凡是违纪处罚，一定要有书面记录，即使是口头警告，最好也要有书面记录，并在员工档案中保存。

用流程防止"家贼"

一位报社记者曾到某针织总厂一职工家造访，映入眼帘的针织品犹如工厂的陈列室，好客的主人将厂里的产品分赠客人，客人惊诧不已："你太破费了！"主人却淡淡一笑："工厂就是我的家厂。"一位工人对记者说："逮到了是你的，逮不到是我的！"一段时间里，厂里破获的治安案件的作案者均是本厂人员。

在这家针织总厂即将倒闭、全面停产时，总厂四周的100多家个体针织作坊却日夜机器轰鸣，其产量可与针织总厂相比。据说早在几年前，有的工人就是早晨进厂报到，然后就到个体厂上班。总厂研制的新产品还未出厂，个体作坊早已将产品推出，抢先占领了市场。个体作坊的机器坏了，自有人到厂里正在运转的机器上换个好的零件来。个体户缺原料了，也会有人从厂内运来。结果，就这样一个针织厂被"拿没了"。

由此可见，企业人、财、物的管理是基础管理，这项工作做不好，即便企业再大，也会被掏空拿光的。

要有效防止"家贼"，有必要先给其分类，然后才能有针对性地加以预防。一般来说，员工盗窃大致分为以下5种类型：

第一，盗用公款（贪污公司资金）。

第二，盗用公司产品或原材料。这种行为既包括在仓库码头装货后再偷偷地把小型卡车倒回仓库码头，私自卸下一些价值昂贵的库存物资，也包括将公司的一盒曲别针拿回家。

第三，盗用公司时间（包括早上迟到、午餐时间过长、在洗手间闲聊、早退、让朋友代打出勤卡等等）。

第四，盗用公司业务设施（用办公室电话打私人长途、用办公室复印机复印个人文件、通过公司的邮寄部门寄发私人信件和包裹等等）。

第五，盗窃公司信息资料（窃取公司秘密、专利、客户名单、营销计划、产品设计、定价方案等等，这类盗窃行为通常被称为"工业或商业间谍"）。

在上述5种盗窃行为中，最受人注意并且最有可能受到指控的就是对公款的盗用。与货币或有价证券打交道的机构，如银行和证券经营机构中，尤其容易出现盗用公款的现象。因个人原因造成的公司亏空甚至高达8位数以上。

预防员工盗窃，仅有思想教育及企业文化建设是不够的，还应从流程上、规范上来加强企业内部的监控体系。

1.盗用公款的防范

要有一整套检查和互相制约的流程，所有的业务都要由两人以上经手，每张支票都要有两人签字；采购部门的账户同应付账款分立；如果邮件中含有现金或支票，那么应当由一位员工打开邮件，另外一位员工登记现金或支票的数额，然后再由第三人即出纳员将其登记入册；审计应是经常性的，而不是等到需要时才进行；千万不能让一个人负责处理一项交易的所有流程；限制员工在不受监督的情况下加班。有关财务流程可参照正规的财务流程范本制定。

应注意员工盗用公款的迹象。比如，员工的生活方式是其现有的工资所无法负担的、赌博问题、拒绝休假、过多加班、怀疑其有滥用药物问题、借钱过多、个人生活一片混乱、独自占有某些公司文件记录、总是躲躲闪闪等。

2. 盗窃产品的防范

制止员工盗窃产品的最佳途径是加强控制。最容易发生产品盗窃的地方是仓库，应密切监控库存，建立良好的库存流程，除被授权人员以外，限制其他人接近仓库库区。进入库区要求佩戴标志，使用电视监视器，将贵重产品隔开存放，检查员工的包裹，保持警觉。

最可能发生产品被盗的时间是货物进入或离开公司的时候。当货物进入公司的时候，很可能在仓库码头就被转移走了，而根本没有进入仓库大门；而当货物从公司发运出去的时候，则有可能会被运往一个假造的地址。

对盗窃库存的防范应当从加强对货运部门和接收部门的监控着手。在收到货物时要亲自监督，核对装货单和实际的收据。发运货物要由两个人共同查验，不要把货物留在无人看管的码头上。将所有收到的货物都记录在案，并立即将它们送到指定的库区。

要确保送到货运部门发送的货物与接货单相符，每一次都要按照实际的订货地址发运货物。每一次出货时，都要明确分拣员工或准备订单的员工是谁，在仓库中安装监视器，进行现场检查。经常对实物库存进行盘点，不要过于依靠计算机。

3. 盗用时间的防范

盗用办公时间的行为比较难控制。解决这一问题的最佳策略就是主管经常出现在办公室里，这可以有效地防止员工消极怠工。主管要时常待在办公室里，随时了解办公室中所发生的事情，询问各个项目的进展情况，参与部门的日常活动。打卡流程是记录员工是否按时上下班的一种有效办法，还可以用录像设备防止代替打卡现象，但这种方法并不适用于所有工作环境。当然，一直盗用办公时间的员工是不可能与尽心尽责的员工取得一样的绩效的。因此，对员工的工作绩效进行追踪，能够帮助管理者锁定那些经常盗用办公时间的员工。

4. 盗用设施的防范

当员工使用公司的复印机复印一本 800 页的小说时，或用公司电话给远在佛罗里达的母亲打长途时，你该怎么办？最好的办法就是控制办公设备本身。安装带有记录使用者姓名功能的复印机，把长途电话功能限制在几部电话上，每月检查通话记录。这样不仅可以确认是谁使用了办公室设备，而且还可以把使用费用分摊到各个部门和各个项目上。

留心观察是另一个有效的方法。时不时拿起复印机内的文件看一看，在一位打了 10 分钟电话的员工附近不时巡视，看看他的表情有没有什么异常，除非对方是"心理素质过硬"的人，否则你很快就能发现作案者。

5. 盗窃信息资料的防范

控制公司机密外泄是相当重要的，但也是不容易的。由于现在许多公司的机密都被放在电脑里，这样问题就变得更为复杂了。防止信息资料被盗的最好办法是对一些活动加以限制。把研究开发活动与其他活动分开，将资料放在加锁的档案柜里，或加密的电脑文件夹里，使用授权的密码；保留文档查阅者的姓名记录，记录什么时候有员工进入限制区域；限制进入和退出档案的次数。把工作进行分工，这样就没有人能够进入一个项目的所有部分。当有员工离职时，应改变锁具和密码。如果你的下属盗用公司的名誉，或盗用商业资料，为了维护公司的利益，可以按流程的规定立刻解雇该职员；如果情况严重的话，甚至可以考虑采取法律行动。

日常使用的办公用品设有登记流程是必要的，但对于文具，如圆珠笔、记事簿等，就不宜作过分的管制，因为，如果这些常用的物品，也要实施登记流程的话，职员会感到很麻烦。文具的用量，每个部门均有适度的分配，只要情况不太过分，便不宜在这些小事情上花太多时间。

值得一提的是，如果管理者要求下属公私分明，首先必须以身作则，即使一般人认为是微不足道的事情，管理者也最好依循规矩做事，别给人留下话柄，也别给下属留下不良印象。

建立加强企业财务管理的流程

在改革开放、经济高速发展的大背景下，大多数企业顺势而为，取得了相当好的发展，但这不过是机遇使然，并不意味着其内部管理水平有多高。特别是一些中小型企业，大都还停留在家族式管理阶段。财务管理的水平也明显滞后于内部其他系统的管理水平，甚至还停留在"记好账、记准账"的阶段，这样的财务管理水平必然会制约公司发展。

可见，加强财务管理，是企业的重点管理要素之一。总的来说，需要注意以下几点：

1. 健全各项财务流程

建立完善的内部控制流程，使财务管理做到有法可依、有章可循，是加强财务监管的最有效途径。经验表明，任何管理，仅靠管理人员的"自律"是不够的，必须要有"他律"的约束。要用流程来规范财务管理行为，防止出现财务管理失控的局面。具体包括财务报告流程、财务评价流程、内部审计流程、资金控制流程、授权流程、预算审批流程、成本费用管理流程、资产管理流程、会计核算流程等，以及以流程的形式对组织机构的设置、人员的委派、权责的分配的规范等。

2. 制定财务战略

财务战略是在充分估计影响企业长期发展的内外环境因素的基础上，为达到财务目标而制定的指导财务活动的总规划和总原则，也就是对企业财务管理所作的长远规划，是围绕财务目标而实施的全局性的行动方案。它由战略思想、战略目标和战略计划3个基本要素确定。作为企业发展战略的组成部分，财务战略可以分为紧缩型战略、稳定型战略和发展型战略3种类型，制约着企业财务活动的基本特性和发展方向。因此，加强财务战略管理，对企业财务管理具有重要意义。

3. 合理筹备资金

资金是企业运行的血液，一旦资金不足，企业就会出现财务危机，生产经营就会面临停顿，甚至导致企业破产。因此，筹备资金、组织资金供应，是企业财务管理的重要任务。企业应当根据自己生产经营和发展战略的需要，确定合理的资金需要量，依法、合理地筹备所需要的资金。

4. 提高资金使用效率和效益

减少现金流失，增加可控现金，在采购环节尽可能实现间接融资即赊购的方式，注重采取多种融资渠道，大力加强组织收入的工作力度，在尽力扩大销售的同时，加强应收账款的管理，实行动态跟踪，加大催收力度，合理谨慎估计坏账额度，加强存货管理，科学、经济、合理采购，加快现金周转速度。通过这一系列管理措施，力求保持现金流量稳定，平衡现金流入与流出的关系，保证企业具有长期稳定的支付能力。此举既是企业应付危机的良策，同时也是保障企业稳定发展的良药。

5. 建立短期财务预警系统，编制现金流量预算

就短期而言，企业理财的对象是现金及其流动性。企业能否维持下去，并不完全取决于是否盈利，而是取决于是否有足够的现金用于各种支出。准确的现金流量预算，可以为企业提供预警信号，使经营者能够尽早采取措施。企业应该将各具体目标汇总，并将预期的未来收益现金流量、财务状况及投资计划等，以数量化形式表达，建立企业全面预算，预测未来现金收支的状况，以周、月、季、半年及一年为期，建立滚动式现金流量预算，从而编制准确的现金流量预算。

6. 加强财务监督与控制

由于企业的生产经营活动必须借助于价值形式才能进行，因此运用现金收支和财务指标实施监督，可以及时发现和反映企业在经营活动和财务活动中出现的问题。财务监督为实施财务控制、改进财务管理、提高经济效益提供了保障，是企业财务管理的一项保障性手段。

财务控制，就是以财务预算和流程规定为依据，按照一定的程序和方式，对企业财务活动进行约束和调节，确保企业及其内部机构和人员全面落实财务预算。其特征是以价值形式为控制手段，以不同岗位、部门和层次的不同经济业务为综合控制对象，

以控制日常现金流量为主要内容。财务控制是企业落实财务预算，开展财务管理的重要环节。

7. 控制成本耗费

降低成本消耗是企业财务管理的一项艰巨任务。结合企业实际，找出成本内容，根据成本内容掌握可控的成本，分析各成本构成要素，确定成本费用可压缩空间，找出控制关键环节点，采取措施，对症下药，寻找一切可能降低成本的途径。

8. 规范重组清算财务行为

企业重组清算，是企业在市场经济条件下实施扩张经营、战略收缩或者增强内力而进行的资本运作措施。在扩张经营的情况下，企业资本聚集，资产和经营的规模扩大，现金流量增大，业务部门或者分支机构增加，财务风险和管理难度也随之增加。在战略收缩的情况下，企业资本减少，资产和经营规模萎缩，现金流量变小，还可能关闭、出售所属机构或者业务部门，甚至对所属企业实施清算，以退出某一市场领域。在增强内力的情况下，企业对内部的业务流程进行再造，对内部机构和人员重新调整，对内部经济资源重新配置，以形成并提高企业整体竞争能力。这些措施是企业为适应市场变化而采取的资本运作。

9. 不断提高财务人员素质

财务管理处于企业管理的核心地位，直接影响企业的经营效益。这就要求财务人员不断学习新知识及新政策，不断充实自己，适应新形势。

建立一套成熟的危机应对流程

威尔·罗杰斯说："危机管理的成功与否，关键在于在危机发生之时是否已有一套成熟的危机应对流程。"危机应对流程是企业安全运行的重要条件。对全球 500 强企业的调查显示：发生危机以后，企业被危机困扰的时间平均为 8 周半，未制定危机应对流程的公司要比制定危机应对流程的公司长 2.5 倍；危机后遗症的延续时间平均为 8 周，未制定危机应对流程的公司同样要比制定危机应对流程的公司长 2.5 倍。

可见，制定危机应对流程十分重要。企业应根据自己所处的行业特点及可能发生的危机类型制定一整套成熟的危机应对流程，明确怎样防止危机爆发，一旦危机爆发应如何做出针对性的反应。

通常而言，危机应对流程包括以下内容：

1. 危机事件的界定

首先，企业需要确定可能对自身造成巨大潜在威胁事件的范围，即对潜在危机进行列表。有些危机是企业管理层决策的衍生物，在企业实施决策的时候，就可能引发相关危机，如裁员、并购、价格战等就属于此类；有些危机则超出企业的控制范围，如不良舆论、大宗订单的取消、人为的破坏、自然灾害等。在对潜在危机进行列表时，应做到尽可能全面，不要遗漏掉重大的潜在危机。

对于所有可能发生的危机，企业应按照轻重缓急的原则加以排列，并预测出危机发生的概率以及对企业的危害后果和程度，从而为制定反危机措施做好准备。

2. 危机管理的目标

危机管理的基本目标是尽早发现危机，将危机消灭于萌芽状态，一旦危机爆发，将危机所造成的损失降为最小，并尽可能地变危机为转机。然而，正如企业经营的目标具有多元性一样，企业危机管理的目标同样具有多元性。尤其是当危机事件涉及不同的利益群体时，更是如此。此时，企业可能需要考虑顾客、员工、股东、经销商、供应商等多方面的利益。上述众多的利益关系很难一碗水端平，这就涉及到危机管理目标主从性的确定问题。即使对于同一利益群体而言，是着眼于短期利益还是长期利益，危机管理的目标选择也大相径庭。企业应根据不同的危机类型，考虑到不同危机对不同利益群体的影响程度和影响时间，确定出不同危机管理目标的主从性。

3. 危机管理的原则

在危机预防和处理中出现的各种失误，往往是各种危机管理原则执行不力所致。危机管理原则的确定，可以使企业有效地避免危机管理过程中可能发生的各种错误。事实证明，预防第一、公众利益至上、全局利益优先、快速反应、主动面对、统一对外、诚实坦率等危机管理原则，值得企业在制定危机应对流程时借鉴。

4. 危机管理小组的建立

就像一个城市一定要有消防队一样，设立危机管理小组是企业实施危机管理的组织保证。在危机应对流程中应明确危机管理小组的人员构成及其相应的职责。

危机管理小组是一个跨部门的管理机构，通常由最高管理层成员、公关部经理、保卫部经理、法律顾问等构成危机管理小组的核心层。再根据危机的不同类型，增加危机小组的成员，如财务方面的危机增加总会计师或财务部经理，产品质量方面的危机增加总工程师或技术部经理等。由行政部经理、人力资源部经理及其他后勤人员为实施危机管理计划提供后勤资源保障。此外，危机管理小组成员也可以聘请外部专家。

5. 危机调查的内容

危机调查是制定相应的危机处理对策的基础。通常而言，危机调查的内容包括：确定危机主要的利益相关者，这些利益相关者的范围包括顾客及潜在顾客、员工、股东、供应商、经销商、政府机构、社会中介组织、大众媒体、社区内的其他组织或居民等，确定危机对不同利益相关者的影响及影响程度，确定导致危机爆发的原因。根据危机的不同类型，确定不同的调查方法。

6. 危机发展过程的记录

为给日后的法律诉讼及责任追究提供依据，在危机爆发之后，应确定专人负责记录危机的发展过程，包括时间、地点、人物、进展等。记录危机的发展过程，不限于纸和笔，必要的时候，应积极使用照相、摄像器材，甚至请相关机构进行现场勘察。

7. 危机处理对策的提出

根据每一类危机可能出现的状况，有针对性地提出相应的处理对策。一旦预料的危机爆发，即可按事先确定的处理对策行动，以节省时间对事先未能预见的事态进行决策。确定危机处理对策时，要特别注意行动的第一步，即首要事项的处理。例如，火灾发生以后，首先需要切断电源并报警；人身安全事故发生以后，首先需要紧急止血或进行人工呼吸等。

8. 危机沟通策略的制定

在危机管理小组中，确定企业对外的发言人。发言人可以是首席危机官，也可以不是，但必须具备良好的语言沟通能力和机敏的反应能力，熟悉企业及危机各方面的情况。同时，企业应确定2～3名候补发言人，以便在发言人缺席的情况下，仍能及时向外界发布信息。

在制定危机应对流程的过程中，需要注意以下事项：

1. 流程要有弹性

危机应对流程旨在给企业提供对付通用危机的通用方法，并非是一个危机管理的完全手册，它难以穷尽所有危机，也难以穷尽危机的所有细节。危机管理计划的条款不能规定得太死，应有较强的灵活性。只要危机应对流程有效地确定了危机管理的原则、程序、资源保证、分工关系，就能够使企业在危机爆发时，采取特定的方法处理。

2. 制定不同的危机处理备选方案

不是所有的危机处理对策都能成功，因此在制定危机处理对策时，要准备一些备用对策。当第一方案失效或不适用时，紧接着实施第二方案，依此类推。此时，排定不同方案的优先次序至关重要，应将适用效果较好或适用范围较大的方案排在前面。

3. 充分利用外部资源

企业既要注重对内部资源的利用，也要注重对外部资源的利用。如针对下属的零部件生产工厂可能存在的火灾问题，企业就应考虑开辟外部的零部件供应来源，并事先确定备选的零部件供应商。在危机处理中，尤其要注重发挥外部专家的作用，这些外部专家包括行业技术专家、学者、媒介精英、政府官员等。外部专家的介入，不但能改善危机管理小组的知识结构，弥补企业内危机管理人才不足的缺陷，而且有助于提高企业在危机处理中的公信力，使外部公众相信企业不会在危机处理中损害他们的利益。

4. 应避轻就重

对于企业而言，可能祸不单行，同时爆发几种危机。为避免多种危机并发时引发混乱，企业应根据危机应对流程中提出的排序标准及危机爆发后的实际情况，首先确定主要问题所在，优先解决主要问题。

按流程执行，是保证工作效率提高的关键。